盘锦港动力地貌特征与建港自然条件研究

张 明 冯小香 郑 静 ◎著

STUDY ON THE DYNAMIC
GEOMORPHIC CHARACTERISTICS
AND NATURAL CONDITIONS
OF PANJIN PORT

人民交通出版社股份有限公司
北 京

内容提要

本书对辽河口动力地貌特征及自然条件进行了分析,包括河流入海水沙条件、河口近岸水动力条件、沉积物特性及海岸性质、辽河口附近海域悬浮泥沙时空变化及运移趋势、海床演变及岸滩稳定性、海冰分布及运移特征、工程地质等,以期为盘锦荣兴港的开发建设提供基础性支撑,同时对于河口地区进行港口开发、环境治理等提供参考。本书适合于港口与航道工程、河口海岸等相关专业的科技人员阅读,也可供高等院校师生参考使用。

图书在版编目(CIP)数据

盘锦港动力地貌特征与建港自然条件研究/张明,冯小香,郑静著.—北京:人民交通出版社股份有限公司,2020.9
 ISBN 978-7-114-16553-5

Ⅰ.①盘… Ⅱ.①张…②冯…③郑… Ⅲ.①海港—海岸地貌—研究—盘锦②海港—自然环境—研究—盘锦 Ⅳ.①U658.91

中国版本图书馆 CIP 数据核字(2020)第 079134 号

Panjin Gang Dongli Dimao Tezheng yu Jiangang Ziran Tiaojian Yanjiu
书　　名:盘锦港动力地貌特征与建港自然条件研究
著 作 者:张　明　冯小香　郑　静
责任编辑:崔　建
责任校对:孙国靖　魏佳宁
责任印制:刘高彤
出版发行:人民交通出版社股份有限公司
地　　址:(100011)北京市朝阳区安定门外外馆斜街3号
网　　址:http://www.ccpcl.com.cn
销售电话:(010)59757973
总 经 销:人民交通出版社股份有限公司发行部
经　　销:各地新华书店
印　　刷:北京虎彩文化传播有限公司
开　　本:720×960　1/16
印　　张:7.75
字　　数:139千
版　　次:2020年9月　第1版
印　　次:2020年9月　第1次印刷
书　　号:ISBN 978-7-114-16553-5
定　　价:42.00元

(有印刷、装订质量问题的图书由本公司负责调换)

前　言

淤泥质海岸一般分布在河口三角洲和海湾地区,这些地区通常是人口较为密集、经济活动比较活跃的地带。自20世纪50年代起,结合港口航道工程建设,我国开始对淤泥质海岸河口进行重点研究,为天津港、长江口航道整治工程等提供了很好的科学依据。经过多年研究实践,我国已在天津港、连云港等淤泥质海岸建成了30万吨级深水航道,在长江淤泥质河口建成了12.5m深水航道,在黄骅港、京唐港等粉沙质海岸建成了30万吨级、25万吨级深水航道。目前,在淤泥质和粉沙质海岸进行港口航道开发建设技术方面,我国已居于世界前列,并极大地丰富了泥沙基础理论。

现有淤泥质或粉沙质海岸上建设的深水大港一般不受河流的影响,远离河口拦门沙,一些深水航道需要在浅水区建设拦沙堤来减少航道淤积。盘锦荣兴港区位于我国七大江河之一的辽河口(分双台子河口与大辽河口两支入海)附近,居于双台子河口与大辽河口所形成的双河口径潮流的交汇地带。历史上辽河入海水沙丰沛,在两岸形成面积宽广的淤泥质潮滩,在河口口门发育有大小不一的拦门沙浅滩。此外,辽东湾北部海区受海冰及河口冰凌影响较大,建港自然条件极其复杂。

辽河口附近海岸原为天然淤泥质潮滩,无进行海港开发建设历史及经验,前期资料严重不足。因此,在河口水沙环境及岸滩稳定性、海冰分布及运移趋势监测、大型淤泥质河口深水航道建设可行性研究方面面临一系列关键技术问题。

2006年6月,盘锦市修造产业园[1](辽滨经济区)被纳入辽宁省对外开放"五点一线"重点发展区域。盘锦市开始谋划向海发展,随后启动了盘锦舾装码头工程、盘锦船舶工业基地工程、盘锦荣兴港建设工程、盘锦

---

[1] 盘锦市修造产业园为产业园名称。

25万吨级航道可行性研究，逐渐拉开了盘锦海港开发建设的大幕。自2007年开始，围绕盘锦海港开发建设工作，交通运输部天津水运工程科学研究院和天津水运工程勘察设计院做了大量原型观测、模型试验和专题分析工作，针对辽河口海域的水动力条件、海岸性质、海床演变、海冰等问题开展了系统研究，取得了丰富的研究成果。

本书主要对盘锦海港开发建设各阶段的成果进行总结，分8章对辽河口海域动力地貌及自然条件进行分析，包括河流入海水沙条件、河口近岸水动力条件、沉积物特性及海岸性质、海域悬浮泥沙时空变化及运移趋势、海床演变及岸滩稳定性、海冰分布及运移特征、工程地质，相关成果可为盘锦荣兴港的港口航道开发建设提供基础性研究支撑。

本书由交通运输部天津水运工程科学研究院张明副研究员、冯小香研究员和中国人民解放军海军勤务学院的郑静共同撰写，交通运输部天津水运工程科学研究院郝品正研究员、刘哲副研究员也参与了本书的部分工作。

限于作者研究水平有限，书中难免有疏漏之处，恳请各位读者批评指正。

张　明
2020年3月于塘沽

目　　录

第1章　绪论 ·· 1
 1.1　研究目的及意义 ·· 1
 1.2　盘锦港建设发展概况 ··· 1
 1.3　主要研究工作 ·· 2
第2章　河流入海水沙条件 ·· 4
 2.1　辽河水沙条件 ·· 4
 2.2　大辽河水沙条件 ·· 5
 2.3　大凌河水沙条件 ·· 6
 2.4　小凌河水沙条件 ·· 7
 2.5　辽东湾其他河流 ·· 7
 2.6　小结 ··· 7
第3章　河口近岸水动力条件 ·· 8
 3.1　风况 ··· 9
 3.2　波浪 ··· 10
 3.3　潮汐 ··· 12
 3.4　潮流 ··· 13
 3.5　余流 ··· 21
 3.6　小结 ··· 22
第4章　沉积物特性及海岸性质 ·· 24
 4.1　表层沉积物及分布特征 ·· 24
 4.2　沉积物垂向分布 ·· 30
 4.3　泥沙水力特性 ·· 30
 4.4　悬沙颗粒分析 ·· 34
 4.5　试挖坑泥沙回淤特征 ·· 36
 4.6　海岸性质 ·· 37
 4.7　小结 ··· 40
第5章　辽河口附近海域悬浮泥沙时空变化及运移趋势 ·································· 41
 5.1　研究资料及方法 ·· 41

  5.2 全潮过程实测含沙量变化及泥沙输移分析 ··· 45
  5.3 大风天实测含沙量变化特征 ··· 50
  5.4 悬浮泥沙时空变化遥感定量分析 ··· 56
  5.5 泥沙来源及输移分析 ··· 59
  5.6 小结 ·· 61

第 6 章 基于多源遥感及海图数据的岸滩地形重建及演变分析 ······························ 62
  6.1 研究资料和方法 ·· 62
  6.2 辽河口动力地貌总体格局变化 ·· 63
  6.3 河口前缘岸滩的冲淤变化 ··· 67
  6.4 基于多源数据的典型潮滩地形重建及演变分析 ······································· 70
  6.5 辽河口前缘岸滩冲淤动力机制及演变模式 ·· 75
  6.6 辽河口岸滩稳定性分析 ··· 78
  6.7 小结 ·· 82

第 7 章 海冰分布及运移特征分析 ··· 84
  7.1 数据和方法 ·· 84
  7.2 典型冰年海冰过程及分布特征分析 ··· 85
  7.3 海冰现场调查及物理特性 ··· 92
  7.4 海冰的危害性分析 ··· 94
  7.5 小结 ·· 96

第 8 章 工程地质 ·· 98
  8.1 地质构造 ··· 98
  8.2 近岸岩土层分布特征 ··· 98
  8.3 航道位置土层分布 ·· 101
  8.4 航道工程疏浚岩土特性 ·· 107
  8.5 地震 ··· 107
  8.6 小结 ··· 108

附图 ·· 109

参考文献 ·· 116

第 1 章 绪　　论

1.1　研究目的及意义

辽河是我国七大江河之一,分双台子河和大辽河两支注入渤海。多年来,辽河及邻近的大、小凌河将从上游河道挟带的泥沙不断沉积在河口近岸区,堆积成面积宽广的淤泥质潮滩,河口口门发育大小不一的拦门沙浅滩。辽河口近岸区,处于河流和海洋作用的交江地带,受径潮流和波浪作用,浅滩、深槽纵横,河口最大浑浊带发育。此外,由于所在的辽东湾是我国北部纬度最高的海区,固定冰和流冰等冰凌等对港口布置等也具有影响,建港自然条件十分复杂。

盘锦荣兴港区位于双台子河口与大辽河口之间的岸段,是近年来开始开发建设的大型深水港,港区规划最大泊位为 30 万吨级原油码头,规划航道为 25 万吨级。港区所在的辽河口附近海域动力地貌特性不仅关系到港口的选址规划、港区的平面布置,更影响港口航道的运营,关系到港口建设的成败,需要在建港前期进行深入研究。

本书针对港口航道开发建设中的自然因素进行分析,主要包括河流入海水沙条件、河口近岸水动力条件、沉积物特性及海岸性质、海域悬浮泥沙时空变化及运移趋势、海床演变及岸滩稳定性、海冰分布及运移特征、工程地质等,研究成果可为盘锦荣兴港开发建设提供支撑。

1.2　盘锦港建设发展概况

2006 年前盘锦并无海港,仅在辽河口内有生产性泊位,也称辽滨港,与营口港隔大辽河口相望。辽滨港建于北票码头旧址,1995 年动工,2000 年正式运营,是以油品为主的小型综合性地方商港,设计通过能力 70 万 t(杂货 20 万 t、油品 50 万 t)。辽滨港有两个 3000 吨级泊位、一个 2000 吨级钢质趸船泊位和一个 3000 吨级钢质趸船泊位。辽滨港主要以大辽河口东水道作为出海通道,正常情况下可通航 1000 吨级船舶,3000 吨级船舶需要减载乘潮入港。受河口结冰与流冰影响,每年 11 月下旬至次年 3 月下旬约 4 个月不能通航。

2006 年，辽宁省政府将盘锦辽滨经济区纳入"五点一线"沿海重点发展区域，盘锦随即开始谋划向海发展，并先后进行了盘锦舾装码头工程、盘锦船舶工业基地造陆工程、荣兴港区规划建设、盘锦深水航道论证与建设工作。截至 2019 年 8 月，盘锦荣兴港区规划陆域面积 31km^2，现已形成 26km^2，已建成的 5 万吨级航道设计高程 -12.6m，码头前沿高程 -14.5m，是可全年通航的深水不冻港。盘锦荣兴港区于 2010 年 9 月投产运行，主要以油品、粮食、集装箱、散杂货业务为主。截至目前，已建及在建泊位 25 个。其中：已建成泊位为 19 个，包括 5 万吨级油品及液体化工品泊位 2 个、5 万吨级集装箱及件杂货泊位 2 个、5 万吨级通用泊位 12 个、10 万吨级通用泊位 1 个、7 万吨级粮食泊位 2 个；在建泊位为 6 个，其中 5 万吨级油品及液体化工品泊位 3 个、10 万吨级通用泊位 3 个。年通货能力近 6000 万 t。

1.3 主要研究工作

本书针对北部高纬度河口区海港开发建设过程中的水文泥沙、海床演变及海冰等自然环境问题开展研究，共分为 8 章。

第 1 章介绍本书研究目的及意义、盘锦港建设发展概况、本书的主要研究工作。

第 2 章根据实测资料分析辽河两支的双台子河及大辽河的水沙变化情况，以文献资料为基础分析大凌河、小凌河水沙变化情况，掌握辽东湾北部入海河流水沙变化的基本动态。

第 3 章根据大洼气象站的风力资料分析辽河口附近海域的风况，根据蛤蜊岗子滩东南侧海区波浪观测数据分析工程海域的波浪条件，并根据 2007 年大范围水文观测资料分析辽河口附近海域的潮汐、潮流、余流等特征。

第 4 章根据 2008 年 8 月大辽河口附近海域大范围沉积物采样分析成果、蛤蜊岗子滩东侧典型位置海床泥沙的水力特性实验成果、2007 年（含底质采样）和 2009 年两次水文测验期间的悬沙颗粒分析成果、盘锦港 5 万吨级航道试挖坑回淤监测成果，以及工程海域的海岸地貌特征等，对工程海域海岸性质进行探讨及划分。

第 5 章根据大、中、小潮大规模定点观测资料，分析一般天气条件下辽河口附近海域泥沙的分布及全潮观测期间涨落潮过程泥沙的变化特点，并计算各站潮段单宽输沙量及输移方向。根据大风天定点及走航追测资料，分析大风天辽河口附近海域泥沙的分布特点及输移情况。在此基础上，采用多张覆盖不同潮情、风况条件的遥感影像，按照水深及位置分区的方式定量计算悬浮泥沙浓度，并探讨辽河口附近海域悬浮泥沙时空变化规律及运移趋势。

第6章以多时相遥感数据为基础,采用遥感水边线技术来重建典型潮滩历史地形,研究不同时段近20年来的冲淤空间变化。同时,以时间跨度较长的两幅历史海图及2008年实测地形,分析研究辽河口三角洲前缘岸滩近50年来的演变特征。在此基础上,结合辽河口近50年来的水沙变化特点,探讨入海泥沙减少背景下河口前缘岸滩的响应模式。

第7章根据营口气象站1980—2008年的月平均温度数据,以1月、2月的月平均温度为基础,选择典型重冰年和典型常冰年,分析辽东湾北部海域的冰情特征,主要包括海冰的分布及运移特征、冰情的生消规律。

第8章根据盘锦船舶工业基地二期工程地质勘察文件和盘锦荣兴港区25万吨级航道工程地质勘察文件,对盘锦荣兴港区港口航道开发的工程地质条件进行分析。

第 2 章 河流入海水沙条件

辽东湾是我国纬度最高的海湾,位于我国内海渤海的顶端,在长兴岛与秦皇岛连线以北。入海河流主要有辽河(分双台子河和大辽河两支入海)、大凌河、小凌河等。

辽河是我国七大江河之一,是东北地区南部最大河流。辽河流域地跨河北、内蒙古、吉林、辽宁四省(自治区),在辽宁省盘锦市注入渤海,全长 1345km,流域面积约 22 万 km²。辽河流域水系为树枝状,主要有东西两源,分别称为东、西辽河。东、西辽河在辽宁省昌图县福德店相汇后始称辽河。辽河在辽宁台安县六间房又分流两股:一股西流,称双台子河,纳绕阳河后,在盘锦市盘山县注入辽东湾;另一股南流,称外辽河,纳浑河、太子河后称大辽河,经营口注入辽东湾。1958 年,在六间房附近将外辽河堵截,使辽河由双台子河入海,浑河、太子河由大辽河入海。

2.1 辽河水沙条件

辽河干流铁岭水文站控制流域面积 12.08 万 km²,是辽河主要的控制性水文站。1954—2000 年,铁岭水文站的多年平均径流量为 32.37 亿 m³,多年平均输沙量为 1380 万 t。其水沙变化可以分为三个阶段:1954—1964 年为丰水丰沙阶段,该阶段年均径流量和年均输沙量分别为 57.88 亿 m³ 和 4459.09 万 t;1965—1984 年为枯水少沙阶段,该阶段年均径流量和年均输沙量分别为 20.14 亿 m³ 和 557.14 万 t;1985—2000 年为中水中沙阶段,该阶段年均径流量和年均输沙量分别为 35.97 亿 m³ 和 1170.42 万 t。自 2000 年以来(2000—2009 年),辽河流域再次进入了枯水少沙阶段,该阶段年均径流量为 12.60 亿 m³,年均输沙量为 39.80 万 t,与多年(1954—2000 年)平均值相比,其径流量减少 61.1%,输沙量减少 97.1%,输沙量比径流量减少幅度更大。铁岭水文站水沙情况如图 2-1 所示。

由于水利工程的影响,辽河干流的多年平均输沙量和含沙量一般自上游向下游呈递减趋势。铁岭水文站下游的辽河干流六间房水文站控制流域面积为 13.65 万 km²,1987—2009 年年均径流量为 27.99 亿 m³,年均输沙量为 420.12 万 t,其同期铁岭水文站的年均径流量为 24.57 亿 m³,年均输沙量为 705.55 万 t。1987—2009 年六间房水文站最大年输沙量为 1270.12 万 t,大部分年份输沙量在 800 万 t 以下,而

1999—2009年最大年输沙量仅为317.07万t。六间房水文站水沙情况如图2-2所示。

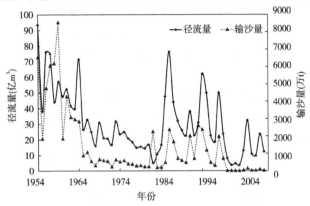

图2-1　1954—2009年辽河干流铁岭水文站水沙情况

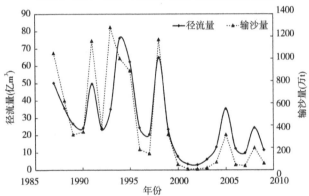

图2-2　1987—2009年辽河干流六间房水文站水沙情况

1968年,在辽河干流下游(双台子河)距河口57.3km的盘锦市建设了双台子河闸(盘山闸),用于防止潮水倒灌,抬高水位,调蓄水量。由于水闸的建设,枯季关闸,辽河下泄水沙更少,其下游主要受潮流控制。

由此可见,近年来,由于辽河流域水利工程的影响,其来水来沙大幅减少,而相对于水量,来沙量减少的幅度更大。同时,由于泥沙在中下游河道淤积以及盘山闸的建成,辽河(双台子河)入海水沙较少。此外,从六间房水文站1987—2009年的来沙量来看,近23年间并无明显的特大来沙年,河流来沙总体维持在一个较低的水平。

2.2　大辽河水沙条件

自1958年将外辽河于六间房外堵截后,大辽河汇集浑河与太子河水成为独立水系。浑河发源于抚顺市清原县滚马岭,全长415km,流域面积为1.15万km²。太子河发源于抚顺市新宾县红石砬子山,全长413km,流域面积为1.39万km²。大辽河指浑河、太子河合流后由三岔河至营口入海口的河段,1958年前大辽河是辽河干流下游的入海水道。河道全长94km,流域面积为0.19万km²。

大辽河的潮流界在三岔河,距河口94km;潮区界则分别上溯至太子河的唐马寨(距河口138km)及浑河的邢家窝棚(距河口145km)。

太子河干流唐马寨水文站控制流域面积为1.12万km²,浑河干流邢家窝棚水文站控制流域面积为1.11万km²。1980—2009年,唐马寨年均径流量为22.25亿m³,年均输沙量为70.45万t;邢家窝棚年均径流量为17.74亿m³,年均输沙量为49.31万t。以两站统计,1980—2009年,大辽河年均径流量为39.99亿m³,年均输沙量为119.76万t(统计时段内,年输沙量最大为534.15万t)。大辽河水沙情况如图2-3所示。

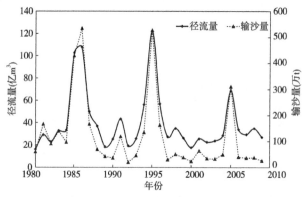

图2-3　1980—2009年大辽河水沙情况(邢家窝棚+唐马寨)

近年来,由于水利工程的影响,大辽河的径流量与输沙量均呈减少趋势,1980—1999年年均径流量为44.35亿m³,年均输沙量为147.24万t,而2000—2009年年均径流量为31.21亿m³,年均输沙量为64.81万t,水量减少29.6%,沙量下降了56.0%。相对于水量减少,沙量减少的幅度更大。2000—2009年,最大年输沙量为309.94万t。

总体来看,大辽河的径流较为丰富,输沙量相对较小,输沙变化相对较为平稳,并不存在特大来沙年。

2.3　大凌河水沙条件

大凌河上游分南北两支,南支发源于建昌县水泉沟,北支发源于河北省平泉县。南北两支于喀左县汇合后,流经朝阳、北票、义县等流入渤海。干流全长435km,流域面积为2.3万km^2。

大凌河径流年际变化大,年内分配极不均匀。7、8两月径流量占全年的50.7%,11月—次年5月仅占全年的26.3%。1955—1992年,大凌河水文站多年平均径流量为11.85亿m^3,年均输沙量为2143.43万t;同期辽河铁岭水文站的年均径流量为34.59亿m^3,年均输沙量为1775.40万t,由于大凌河干流白石水库建成,大凌河向下游输沙减少。根据与辽河铁岭站同比减少的关系推算,1980—2009年大凌河年均输沙量为894.51万t。

2.4 小凌河水沙条件

小凌河发源于朝阳市西南110km处的助安喀喇山,在凌海市蚂蚁屯附近南下注入渤海,干流全长206km,流域面积为0.55万km^2。

小凌河流域形状为宽叶片状,北、西与大凌河环绕,西南和南与六股河和远河为界。在锦州市西南右岸有女儿河汇入,东左岸有百股河汇入。

锦州水文站位于小凌河干流与女儿河汇合口上游2.5km,集水面积为0.31万km^2,干流河长164km。其1954—1987年年均径流量为3.46亿m^3,年均输沙量为224.23万t;根据与辽河铁岭水文站同向变化关系推算,1980—2009年小凌河的年均输沙量为87.19万t。

2.5 辽东湾其他河流

辽东湾北部海域还存在一些小河,如六股河、兴城河、女儿河、饶阳河、大清河、熊丘河、复州河,但这些河流的流域面积均不大,且上游大多建有水库,入海水沙量不大。

2.6 小　　结

近年来,由于人类活动的影响,辽东湾北部入海河流的水量有所减少,相对水量减少,沙量减少的幅度更大;同时从2000—2009年双台子河与大辽河的输沙量来看,两河流的输沙量维持在一个较低的水平,且并无明显的特大来沙年。这对于在辽河口近岸区进行海港开发建设较为有利。

第3章 河口近岸水动力条件

辽河三角洲处于下辽河平原大幅度下降的构造背景,第四系以来一直是周边山地地表径流排泄的场所,其形成不是某单一河流作用的结果,而是由大凌河、双台子河、大辽河等较大河流复合作用塑造的结果。由于内动力条件的不断变化,加之海面的进退相应地改变了河流的水动力条件致使河道横向迁移,而造就了现今的复合三角洲地貌景观,很难确认哪一河流塑造的三角洲范围与规模。

盘锦荣兴港区处在大辽河口与双台子河口间(图3-1),口门位于5m等深线附近,周围有大辽河口的东滩、西滩,双台子河口的蛤蜊岗子滩等大小不一的河口沙洲。它们自东而西沿海岸排列,并与海岸呈高角度展布。蛤蜊岗子滩东侧及南侧海床总体平坦开阔,形态单调,西侧浅滩和海底冲刷槽交错,水下动力地貌复杂。近岸地区在河流来沙不断沉积作用下,形成了面积宽广的潮滩,双台子河口西侧的

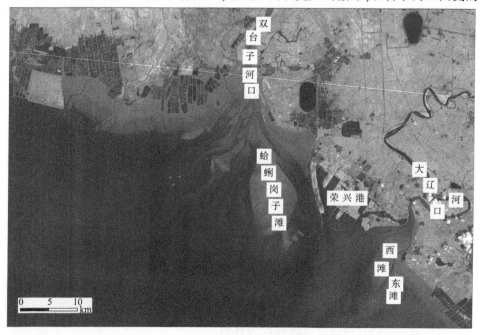

图3-1 辽河口总体形势图

岸段较为宽广,可以达到 8～9km;双台子河口与大辽河口间的岸段一般为 3～4km,而大辽河口东水道附近的岸段边滩一般在 2km 以下。

3.1 风　　况

大洼气象站位于辽宁省盘锦市,地理位置 122°04′E,41°01′N,距离盘锦荣兴港区约 33km。收集 1990—2009 年大洼气象站逐时风速、风向资料,按照海港水文规范将其转换为海区风速,在此基础上,对该海区风况的年际及季节变化进行统计、分析(图 3-2、图 3-3),得到如下主要特点。

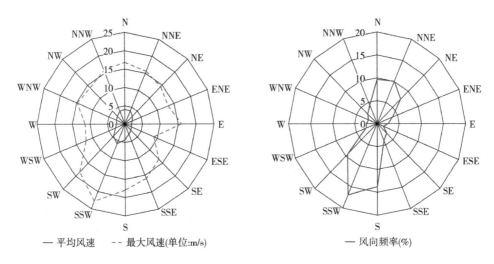

图 3-2　风速风向玫瑰图

(1) 从风速来看:该海区全年以 SSW 向风最强,平均风速为 5.84m/s,最大风速为 22.8m/s;SW、S 和 N 向次之,平均风速分别为 4.64m/s、4.25m/s 和 4.05m/s,最大风速分别为 18.36m/s、18m/s 和 16.8m/s。全年共出现 6 级以上风力的风频率为 2.2%,其中 SSW、S、SW 向风出现最多,占 84.8%。

(2) 从风向来看:该海区常风向为 SSW、S 向,其出现频率分别占 16.9%、13.8%,次常风向为 NNE、N 向,出现频率分别占 10.1%、9.7%。

(3) 从风的季节变化来看:春季 SSW、S、SW、N 和 NNE 向风出现较多,频率分别为 20.6%、12.8%、11.6%、9.9% 和 8.6%;夏季 SSW、S、SW 向风较多,频率分别为 21.3%、16.2% 和 13.8%;秋季 S、SSW、NNE 和 N 向风出现较多,频率分别为 14.6%、14.0%、12.3% 和 11.2%;冬季 NNE、N、SSW 和 S 向风出现较多,频率分别

为13.1%、11.7%、11.6%和11.4%。

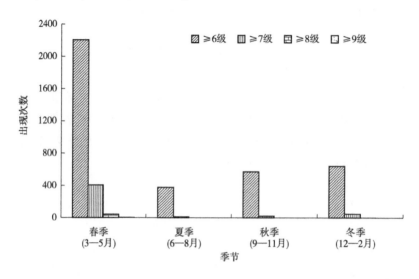

图 3-3 大风季节变化图

从大风出现的季节来看:6级以上大风有一半以上出现在春季,冬季和秋季差别不大,夏季较少。

3.2 波　　浪

1992年4—8月在蛤蜊岗子滩东南侧海区设立1号和2号短期波浪观测站,2009年3—11月设立3号短期波浪观测站,进行了长达1年的波浪观测。波浪观测站位置如图3-4所示。

根据观测资料分析,SSW向与SW向浪出现频率较高。1992年4—8月,1号测站的SSW向和SW向浪出现频率分别为23.1%和17.5%,2号测站SSW向和SW向浪出现频率分别为19.3%和12.1%。观测期间,水深浅的1号测站波高小于0.5m的出现频率为74.8%,水深较大的2号测站波高小于0.5m的出现频率为68.1%。1号测站波高大于1.0m的出现频率为3.7%,2号测站为4.4%。

从2009年全年来看,该海区常浪向为SW向,出现频率为22.1%,次常浪向为SSW向,出现频率为16.6%。强浪向为SW向,波高大于1.0m的频率为11.0%,主要出现在SW、SSW和WSW三个方向,分别为3.8%、2.8%和2.3%。各级各向波高频率见表3-1。

第3章 河口近岸水动力条件

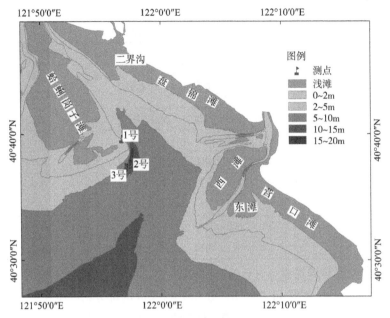

图 3-4 测波站站位示意图

盘锦海区 3 号测点 2009 年各级各向波高 ($H_{1/3}$) 频率表　　表 3-1

波　向	波　级										
	≤0.3m		0.3~0.7m		0.7~1.0m		1.0~2.4m		≥2.4m		合计	
	次数	频率(%)	次数	频率(%)	次数	频率(%)	次数	频率(%)	次数	频率(%)	次数	频率(%)
N	14	0.7	22	1.1	7	0.3	1	0.0	0	0.0	44	2.1
NNE	7	0.3	21	1.0	46	2.2	18	0.9	0	0.0	92	4.4
NE	13	0.6	44	2.1	15	0.7	0	0.0	0	0.0	72	3.5
ENE	12	0.6	19	0.9	6	0.3	0	0.0	0	0.0	37	1.8
E	12	0.6	18	0.9	3	0.1	1	0.0	0	0.0	34	1.6
ESE	19	0.9	23	1.1	2	0.1	0	0.0	0	0.0	44	2.1
SE	26	1.3	14	0.7	1	0.0	0	0.0	0	0.0	41	2.0
SSE	28	1.3	12	0.6	3	0.1	0	0.0	0	0.0	43	2.1
S	45	2.2	32	1.5	14	0.7	6	0.3	0	0.0	97	4.7
SSW	81	3.9	100	4.8	105	5.1	59	2.8	0	0.0	345	16.6

11

续上表

波向	波级										
	≤0.3m		0.3~0.7m		0.7~1.0m		1.0~2.4m		≥2.4m		合计	
	次数	频率(%)	次数	频率(%)	次数	频率(%)	次数	频率(%)	次数	频率(%)	次数	频率(%)
SW	87	4.2	165	8.0	128	6.2	78	3.8	0	0.0	458	22.1
WSW	59	2.8	151	7.3	83	4.0	48	2.3	0	0.0	341	16.4
W	60	2.9	138	6.7	44	2.1	14	0.7	0	0.0	256	12.3
WNW	41	2.0	49	2.4	3	0.1	1	0.0	0	0.0	94	4.5
NW	15	0.7	25	1.2	3	0.1	2	0.1	0	0.0	45	2.2
NNW	16	0.8	13	0.6	3	0.1	0	0.0	0	0.0	32	1.5
合计	535	25.8	846	40.8	466	22.5	228	11.0	0	0.0	2075	100

该海域波浪实测点 $H_{1/3}$ 小于0.3m的部分约占了全年的25.8%，$H_{1/3}$ 在0.3~0.7m的部分约占全年的40.8%，$H_{1/3}$ 在0.7~1.0m的部分约占全年的22.5%，$H_{1/3}$ 大于1m的部分占全年的11%，观测期间的最大 $H_{1/3}$ 为2.22m，在大于1m的波浪中，SSW向浪（含SW、SSW、S向）占63.0%，为强浪向。

该海域波浪实测点 $H_{1/3}$ 全年平均波高为0.55m。总体来看，辽河口附近水域，因水下地形平缓及受浅滩掩护影响，波浪多以风浪为主，涌浪出现较少，且波高不大。

3.3 潮 汐

该海域为非正规半日潮，日潮不等现象明显。多年平均潮差2.74m，最大潮差4.46m，属于中等潮汐强度海域。根据1952—1972年及2003年四道沟水文站的水文观测资料统计（基准面为四道沟理论最低潮面，基面关系如图3-5所示，下同），潮位特征值见表3-2。

图3-5 四道沟理论最低潮面与国家85高程基面的关系

四道沟水文站潮汐特征统计表　　　　　表3-2

特　征　量	特征值(m)	特　征　量	特征值(m)
最高潮位	5.20	平均潮差	2.74
最低潮位	-0.30	最大潮差	4.46
平均高潮位	3.32	平均潮位	2.00
平均低潮位	0.64		

3.4 潮　流

2007年4月26日—5月3日在辽河口附近海域进行了15个测站的同步水文观测,获得了大潮、中潮、小潮三个特征潮型的水文资料(测站分布如图3-6所示),2009年3—11月在蛤蜊岗子滩东南侧深槽进行波浪观测时同步获得了潮位数据(测站位置如图3-4所示的3号测站),分析得到工程区潮流特征如下。

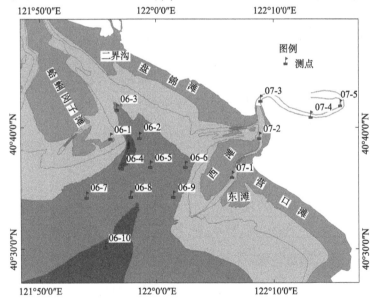

图3-6　2007年水文观测站位置图

3.4.1 潮流性质

根据实测资料的准调和分析计算,该海域主要的全日分潮流与主要半日分潮流的椭圆长半轴比值 F 皆小于或等于0.5,该海域潮流性质属于规则半日潮流。

3.4.2 潮流历时

根据2009年潮位资料统计，该海域平均涨潮历时5h 50min左右，平均落潮历时6h 40min左右，落潮历时大于涨潮历时。

由表3-3所示，2007年4—5月测潮期间，06-1和06-6测站涨潮历时大于落潮历时30min以上，06-2~06-5、06-7~06-9测站涨、落潮历时基本相当，06-10、07-1~07-5测站落潮历时大于涨潮历时。

2007年水文观测期间各测站涨、落潮历时统计表　　　表3-3

测站	落潮				涨潮			
	小潮	中潮	大潮	平均	小潮	中潮	大潮	平均
06-1	5h 35min	6h 10min	5h 50min	5h 52min	6h 55min	6h 11min	6h 40min	6h 35min
06-2	6h 15min	6h 09min	5h 51min	6h 05min	6h 11min	6h 12min	6h 10min	6h 11min
06-3	6h 22min	6h 09min	6h 16min	6h 16min	6h 02min	6h 01min	6h 03min	6h 02min
06-4	5h 59min	6h 27min	6h 16min	6h 14min	6h 31min	6h 01min	6h 00min	6h 10min
06-5	6h 05min	6h 10min	5h 56min	6h 04min	6h 34min	5h 58min	6h 20min	6h 17min
06-6	5h 46min	6h 11min	5h 40min	5h 52min	6h 45min	6h 00min	6h 41min	6h 29min
06-7	5h 54min	6h 30min	6h 17min	6h 14min	6h 43min	5h 57min	6h 13min	6h 17min
06-8	5h 55min	6h 43min	6h 17min	6h 18min	6h 42min	5h 44min	6h 38min	6h 01min
06-9	5h 58min	6h 06min	6h 50min	6h 58min	6h 34min	5h 59min	6h 09min	6h 14min
06-10	6h 20min	7h 06min	6h 25min	6h 37min	6h 08min	5h 16min	5h 41min	5h 41min
07-1	7h 27min	6h 59min	6h 53min	7h 06min	5h 41min	5h 15min	5h 18min	5h 24min
07-2	6h 55min	7h 18min	6h 36min	6h 56min	5h 57min	5h 09min	5h 15min	5h 27min
07-3	5h 54min	6h 52min	6h 47min	6h 31min	6h 36min	5h 39min	5h 14min	5h 49min
07-4	7h 31min	7h 14min	7h 04min	7h 16min	5h 31min	5h 07min	4h 58min	5h 12min
07-5	7h 01min	6h 53min	6h 36min	6h 50min	6h 07min	5h 27min	5h 22min	5h 39min

3.4.3 潮流运动形式及方向

椭圆率k值决定了潮流的运动形式，一般而言，当$|k|<0.25$时，潮流运动形式为往复流；当$|k|>0.25$时，潮流运动形式为旋转流。2007年水文测验期间布置的15个测站的k值都小于0.25，可以判断测流区海域潮流运动形式为往复流。

06-10测站位于10m等深线附近，其涨落潮流向基本可代表辽东湾外海海域涨落潮运动的方向，涨潮时流向呈NE向，落潮时流向呈SW向，与辽东湾东西两侧岸线基本平行。

第3章 河口近岸水动力条件

湾顶附近海域,受双台子河口与大辽河口处拦门沙浅滩影响,外海涨潮流流至蛤蜊岗子滩至西滩之间水域,流路发生分离偏转,一股水流顺蛤蜊岗子滩东南侧深槽由 NE 向 NW 偏转,流向双台子河,另一股水流东偏从西滩北侧西水道进入大辽河,落潮时,双台子河口的 SE 向流和大辽河口的 W 向流在这里交汇后,偏转为 SW 向流后流向外海。图 3-7 ~ 图 3-9 分别为大、中、小潮潮流矢量图。

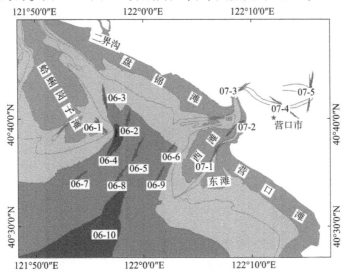

图 3-7 大潮潮流矢量图

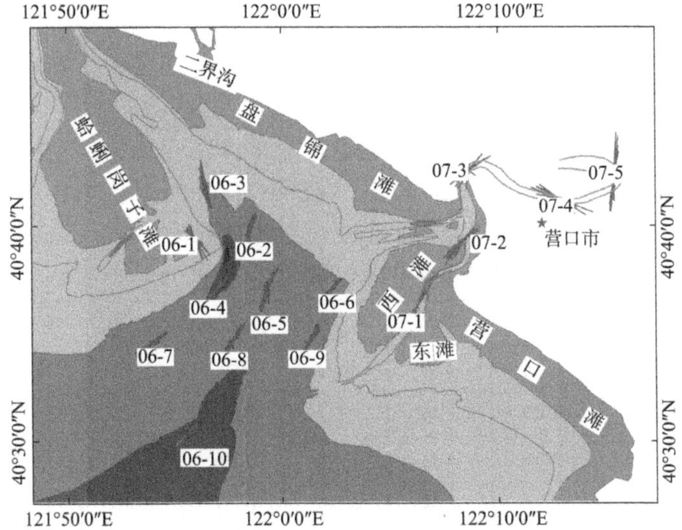

图 3-8 中潮潮流矢量图

盘锦港动力地貌特征与建港自然条件研究

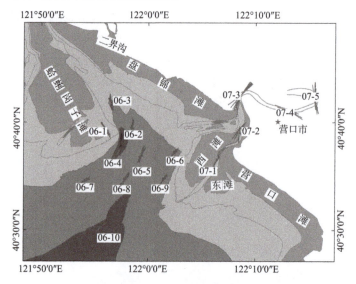

图 3-9 小潮流速矢量图

3.4.4 潮流流速

表 3-4 给出了 15 个测站涨潮潮段、落潮潮段的垂线平均流速。由表可见,除 06-1 和 07-2 测站落潮潮段垂线平均流速大于涨潮潮段垂线平均流速外,其余各测站的落潮潮段垂线平均流速均小于涨潮潮段垂线平均流速。大辽河口外的 06-1~06-10 测站大、中、小潮期间落潮潮段垂线平均流速分别为 0.42m/s、0.43m/s、0.29m/s,平均为 0.39m/s;涨潮潮段垂线平均流速分别为 0.46m/s、0.43m/s、0.34m/s,平均为 0.41m/s;总体来看,该海域涨潮流速大于落潮流速。

由表 3-5 可见,各测站潮段平均流速垂线分布,均呈表层最大、中间次之、底层最小的分布趋势。从垂线最大流速来看,大辽河口外的 06-1~06-10 测站大潮期间最大为 1.26m/s,中潮期间最大为 1.1m/s,小潮期间最大为 0.84m/s。

各测站潮段垂线平均流速统计表(单位:m/s)　　　　表 3-4

测站	落潮				涨潮			
	小潮	中潮	大潮	平均	小潮	中潮	大潮	平均
06-1	0.33	0.46	0.44	0.41	0.35	0.32	0.33	0.33
06-2	0.29	0.46	0.43	0.39	0.36	0.44	0.51	0.44
06-3	0.30	0.42	0.44	0.39	0.37	0.47	0.54	0.46
06-4	0.32	0.50	0.47	0.43	0.37	0.50	0.52	0.46

续上表

测站	落潮				涨潮			
	小潮	中潮	大潮	平均	小潮	中潮	大潮	平均
06-5	0.26	0.43	0.43	0.37	0.33	0.45	0.46	0.41
06-6	0.29	0.40	0.41	0.37	0.34	0.46	0.46	0.42
06-7	0.31	0.38	0.36	0.35	0.31	0.38	0.40	0.36
06-8	0.27	0.44	0.43	0.38	0.35	0.44	0.47	0.42
06-9	0.26	0.41	0.38	0.35	0.30	0.41	0.43	0.38
06-10	0.25	0.39	0.39	0.34	0.34	0.40	0.43	0.39
07-1	0.40	0.42	0.40	0.41	0.35	0.43	0.52	0.43
07-2	0.52	0.59	0.58	0.56	0.33	0.30	0.36	0.33
07-3	0.46	0.44	0.33	0.41	0.48	0.40	0.53	0.47
07-4	0.48	0.58	0.56	0.54	0.55	0.54	0.74	0.61
07-5	0.53	0.69	0.64	0.62	0.65	0.72	0.83	0.73

各测站潮段最大流速垂线分布统计表(单位:流速为 m/s;流向为°)　　表3-5

测站	潮段	层次	小潮		中潮		大潮	
			流速	流向	流速	流向	流速	流向
06-1	落潮	表层	0.72	156	0.86	148	0.82	142
		0.6层	0.66	150	0.76	146	0.76	146
		底层	0.52	148	0.74	148	0.60	148
	涨潮	表层	0.56	318	0.54	338	0.68	332
		0.6层	0.52	320	0.46	340	0.52	330
		底层	0.5	324	0.44	336	0.50	326
06-2	落潮	表层	0.69	183	0.82	172	0.82	176
		0.6层	0.45	177	0.72	180	0.68	178
		底层	0.39	185	0.58	176	0.60	182
	涨潮	表层	0.70	12	0.96	16	1.16	12
		0.6层	0.55	1	0.76	18	0.86	16
		底层	0.46	15	0.56	16	0.78	12

续上表

测站	潮段	层次	小潮		中潮		大潮	
			流速	流向	流速	流向	流速	流向
06-3	落潮	表层	0.62	172	0.84	174	0.88	174
		0.6层	0.50	170	0.68	160	0.76	172
		底层	0.48	172	0.60	164	0.58	166
	涨潮	表层	0.70	350	0.88	358	1.14	350
		0.6层	0.54	352	0.80	342	0.98	346
		底层	0.48	352	0.78	344	0.78	346
06-4	落潮	表层	0.84	222	1.1	228	1.02	224
		0.6层	0.66	224	0.88	222	0.84	222
		底层	0.46	218	0.60	212	0.58	226
	涨潮	表层	0.66	34	1.02	26	1.26	24
		0.6层	0.66	42	0.88	50	0.86	32
		底层	0.52	28	0.60	54	0.74	52
06-5	落潮	表层	0.68	212	0.84	194	0.96	214
		0.6层	0.50	196	0.66	198	0.68	204
		底层	0.36	196	0.54	200	0.50	202
	涨潮	表层	0.68	14	0.98	24	1.10	24
		0.6层	0.60	16	0.70	30	0.78	30
		底层	0.46	16	0.46	28	0.66	34
06-6	落潮	表层	0.60	218	0.78	210	0.94	218
		0.6层	0.48	206	0.64	214	0.60	210
		底层	0.36	202	0.60	220	0.48	218
	涨潮	表层	0.66	38	0.92	46	0.92	46
		0.6层	0.54	44	0.66	36	0.82	34
		底层	0.42	56	0.54	30	0.72	32

续上表

测站	潮段	层次	小潮		中潮		大潮	
			流速	流向	流速	流向	流速	流向
06-7	落潮	表层	0.56	240	0.74	234	0.68	224
		0.6层	0.45	237	0.58	234	0.54	234
		底层	0.37	237	0.48	236	0.48	236
	涨潮	表层	0.63	47	0.94	56	0.92	46
		0.6层	0.47	55	0.58	54	0.70	50
		底层	0.40	52	0.48	58	0.66	48
06-8	落潮	表层	0.63	219	0.82	218	0.86	216
		0.6层	0.46	213	0.78	220	0.66	202
		底层	0.38	205	0.56	210	0.50	202
	涨潮	表层	0.82	31	1.00	34	1.16	30
		0.6层	0.62	34	0.70	40	0.84	40
		底层	0.47	32	0.50	32	0.66	30
06-9	落潮	表层	0.56	214	0.78	210	0.74	218
		0.6层	0.44	202	0.78	216	0.68	208
		底层	0.32	198	0.54	218	0.52	210
	涨潮	表层	0.62	34	0.72	26	0.86	30
		0.6层	0.50	40	0.68	16	0.78	26
		底层	0.38	52	0.56	22	0.64	26
06-10	落潮	表层	0.50	214	0.78	212	0.76	230
		0.6层	0.48	230	0.74	214	0.60	228
		底层	0.36	222	0.60	202	0.46	224
	涨潮	表层	0.78	64	0.96	42	1.04	48
		0.6层	0.56	60	0.62	48	0.82	46
		底层	0.48	68	0.44	52	0.6	50

续上表

测站	潮段	层次	小潮		中潮		大潮	
			流速	流向	流速	流向	流速	流向
07-1	落潮	表层	0.82	204	0.88	198	1.00	204
		0.6层	0.68	208	0.74	202	0.86	204
		底层	0.56	210	0.66	200	0.64	200
	涨潮	表层	0.76	30	0.90	36	1.34	34
		0.6层	0.76	32	0.82	34	1.00	28
		底层	0.48	30	0.60	28	0.78	24
07-2	落潮	表层	1.28	182	1.24	208	1.28	202
		0.6层	0.94	196	0.86	224	1.04	222
		底层	0.54	232	0.90	224	0.88	232
	涨潮	表层	0.58	54	0.52	46	0.60	40
		0.6层	0.56	54	0.64	62	0.70	74
		底层	0.54	52	0.62	76	0.62	86
07-3	落潮	表层	1.34	228	0.80	210	0.84	224
		0.6层	0.90	204	0.76	240	0.66	256
		底层	0.44	201	0.66	236	0.46	222
	涨潮	表层	0.98	60	0.88	52	1.12	50
		0.6层	1.00	46	0.98	58	1.04	56
		底层	1.01	50	0.80	56	0.80	72
07-4	落潮	表层	1.16	286	1.42	295	1.18	298
		0.6层	0.88	294	0.97	286	1.10	308
		底层	0.52	278	0.55	290	0.68	306
	涨潮	表层	1.60	118	1.70	116	1.50	134
		0.6层	1.36	116	1.10	108	1.38	124
		底层	0.98	134	0.66	105	1.02	128

续上表

测站	潮段	层次	小潮		中潮		大潮	
			流速	流向	流速	流向	流速	流向
07-5	落潮	表层	1.16	168	1.24	186	1.26	188
		0.6层	1.00	170	1.14	182	1.04	190
		底层	0.80	178	0.88	190	0.92	188
	涨潮	表层	1.14	360	1.46	4	1.50	12
		0.6层	1.08	7	1.36	360	1.48	4
		底层	1.00	360	1.32	4	1.42	8

3.5 余 流

2007年水文观测期间海域余流流速不大,大潮期各站各层余流平均流速在0.035~0.122m/s之间,各站各层最大余流流速为0.122m/s,流向为218°;中潮期余流平均流速在0.001~0.100m/s之间,各站各层最大余流流速为0.104m/s,流向为60°;小潮期余流平均流速在0.093~0.177m/s之间,各站各层最大余流流速为0.177m/s,流向为12°。各测站余流方向如图3-10~图3-12所示。

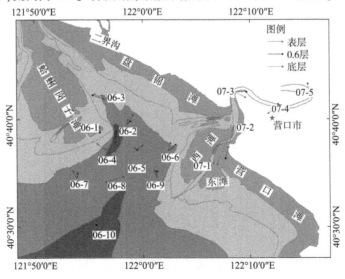

图3-10 大潮余流图

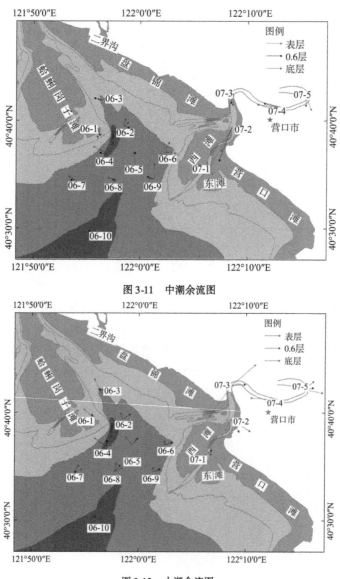

图 3-11 中潮余流图

图 3-12 小潮余流图

3.6 小　　结

(1)该海域常风向为 SSW 向,频率为 16.9%;强风向为 SSW 向,平均风速 5.84m/s,最大风速 22.8m/s;6 级以上大风有一半以上出现在春季,冬季和秋季差别不大,夏季较少。

(2)该海域 SSW、SW 向浪出现频率较高,与常风向基本一致;强浪向为 SW 向,波高大于 1.0m 的频率为 11.0%,实测点 $H_{1/3}$ 全年平均波高为 0.55m;总体来看,辽河口附近水域,因水下地形平缓和受浅滩掩护影响,波浪以风浪为主,涌浪出现较少,且波高不大。

(3)该海域为中等潮汐强度海域,多年平均潮差 2.74m,最大潮差 4.46m。潮流为规则半日潮流,盘锦荣兴港区附近的涨落潮历时基本相同,涨潮流速大于落潮流速。大辽河口口外各测站的垂线最大流速,大潮、中潮、小潮期间分别为 1.26m/s、1.10m/s、0.84m/s,各测站的各层余流平均流速大潮、中潮、小潮期间分别为 0.035~0.122m/s、0.001~0.100m/s、0.093~0.177m/s。

第4章 沉积物特性及海岸性质

沉积物是海岸带重要的物质基础和泥沙来源,对河口海岸泥沙运动规律、海床冲淤及岸滩稳定性等具有重要影响。一般而言,不同粒度的沉积物所构成的岸滩坡度和地貌形态也存在差异。在海岸工程领域,海岸性质主要根据海床物质组成、泥沙运动规律和海岸特征综合确定。因此,正确认识和划分海岸性质,不仅是河口海岸动力地貌研究的基础,也是港口航道减淤措施合理布置的关键。

本章根据2008年8月大辽河口附近海域大范围沉积物采样分析成果、蛤蜊岗子滩东侧典型位置海床泥沙的水力特性实验成果、2007年(含底质采样)和2009年两次水文测验期间的悬沙颗粒分析成果,盘锦荣兴港5万吨级航道试挖坑回淤监测成果,以及该海域的海岸地貌特征等,对该海域海岸性质进行探讨及划分,研究对于认识辽河口泥沙的时空变化规律和运移趋势、揭示河流水沙减少背景下的岸滩演变模式及动力机制、预测深水航道建成后的回淤强度等均具有重要意义。

4.1 表层沉积物及分布特征

2008年8月,在大辽河口附近海域进行了大范围沉积物采样工作,采样纵向范围自大辽河入海口至鲅鱼圈港(图4-1),长度约为40km;横向范围自二界沟至大辽河口东水道,宽度约为33km。大辽河口口门外共采集205个表层样,西水道及西滩滩头采集40×3个柱状样。

4.1.1 沉积物类型

该海区表层沉积物可分为下列9种类型:砂、细砂、粘土质砂、中细砂、粉砂质砂、砂质粉砂、粉砂、砂-粉砂-粘土、粘土质粉砂(图4-2、表4-1)。从样品数量来看,以粘土质粉砂、砂质粉砂、粉砂质砂、粉砂为主,4种类型占90.2%,其中尤以粘土质粉砂、砂质粉砂分布最为广泛,两者合计占71.6%;从粒级组成来看,以粉砂为主,平均含量53.3%,其次为细砂和粘土,平均含量分别为24.9%、21.5%。

第4章 沉积物特性及海岸性质

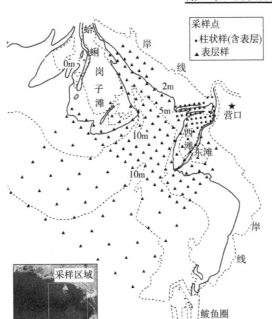

图 4-1 沉积物位置及海岸形势图

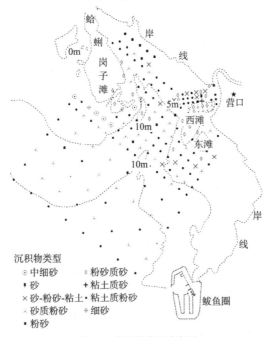

图 4-2 沉积物类型分布图

表层沉积物粒级含量及粒度特征统计表 　　　　表4-1

类　型	样品数量（个）	粒级含量(%)						粒度参数		
		砂石	粗砂	中砂	细砂	粉砂	粘土	中值粒径（mm）	分选系数	偏态
粘土质粉砂(YT)	93	0.0	0.0	0.0	12.5	57.8	29.7	0.013	1.684	0.165
砂质粉砂(ST)	53	0.0	0.0	0.0	31.7	53.6	14.7	0.044	1.260	0.492
粉砂质砂(TS)	22	0.0	0.0	0.0	54.3	36.0	9.8	0.062	0.879	0.381
粉砂(T)	16	0.0	0.0	0.0	15.0	67.7	17.3	0.024	1.385	0.326
砂-粉砂-粘土(STY)	11	0.0	0.0	0.0	28.9	47.7	23.4	0.022	1.906	0.166
中细砂(MFS)	6	0.1	1.3	2.6	41.8	41.1	13.0	0.067	1.160	0.275
细砂(FS)	2	0.3	6.7	13.2	79.2	0.6	0.0	0.184	0.370	0.010
粘土质砂(YS)	1	0.0	0.0	0.0	71.9	7.6	20.5	0.080	0.340	0.150
砂(S)	1	0.0	0.0	0.0	87.0	11.3	1.7	0.083	0.170	0.020
平均	205	0.0	0.1	0.2	24.9	53.3	21.5	0.031	1.441	0.288

粘土质粉砂:样品数93个,占全部表层样的45.4%,平均中值粒径0.013mm。除西滩、东滩、蛤蜊岗子滩滩面外,粘土质粉砂在该海区的浅水区及深水区均广泛分布。从粒级组成来看,细砂、粉砂、粘土平均含量分别为12.5%、57.8%、29.7%。

砂质粉砂:样品数53个,占全部表层样的25.9%,平均中值粒径0.044mm。除蛤蜊岗子滩滩面外,砂质粉砂在该海区的浅水区、深水区及东滩、西滩的滩面均广泛分布。从粒级组成来看,细砂、粉砂、粘土平均含量分别为31.7%、53.6%、14.7%。

粉砂质砂:样品数22个,占全部表层样的10.7%,平均中值粒径0.062mm。粉砂质砂主要分布在蛤蜊岗子滩滩面、西滩滩面及其附近。从粒级组成来看,细砂、粉砂、粘土平均含量分别为54.3%、35.9%、9.8%。

粉砂:样品数16个,占全部表层样的7.8%,平均中值粒径0.024mm。粉砂主要分布在盘锦二界沟近岸、蛤蜊岗子滩与西滩之间的深槽内。从粒级组成来看,细砂、粉砂、粘土平均含量分别为15.0%、67.7%、17.3%。

砂-粉砂-粘土:样品数11个,占全部表层样的5.4%,平均中值粒径0.022mm。砂-粉砂-粘土主要分布在西水道、东滩南侧5m等深线以内的浅海区。从粒级组成来看,细砂、粉砂、粘土平均含量分别为28.9%、47.7%、23.4%。

中细砂:样品数6个,占全部表层样的2.9%,平均中值粒径0.067mm。中细砂主要分布在蛤蜊岗子滩东侧及南侧2m等深线附近。从粒级组成来看,细砂、粉砂、粘土平均含量分别为41.8%、41.1%、13.0%。

细砂、粘土质砂、砂:样品数4个,占全部表层样的2.0%,分布较少。

4.1.2 沉积物中值粒径

该海区表层沉积物中值粒径变化范围为0.0047~0.2411mm,按照《海洋调查规范 第8部分:海洋地质地球物理调查》(GB/T 12763.8—2007)简分法,沉积物样品由细砂、粗粉砂、细粉砂组成。其中中值粒径为0.063~0.25mm的细砂样品数25个,占12.2%;中值粒径为0.016~0.063mm的粗粉砂样品数104个,占50.7%;中值粒径为0.004~0.016mm的样品数76个,占37.1%。全部205个表层样品的中值粒径平均为0.0363mm;若不考虑蛤蜊岗子滩附近中值粒径大于0.1mm的8个样品,其余197个样品的平均中值粒径为0.029mm。见表4-2。

沉积物中值粒径分布范围　　　　　表4-2

粒级名称(简分法)	粒径范围(mm)	样品数量(个)	所占比重(%)
细砂	0.063~0.25	25	12.2
粗粉砂	0.03~0.063	58	28.3
	0.016~0.03	46	22.4
细粉砂	0.004~0.016	76	37.1
全部样品	0.0047~0.2411	205	100

由图4-3可见,从空间分布来看,该海区西侧沉积物中值粒径要大于东侧,蛤蜊岗子滩、西滩滩面及邻近的沉积物中值粒径相对较大,从浅滩滩面中值粒径来看,以蛤蜊岗子滩最大,西滩次之,东滩最小。蛤蜊岗子滩滩面4个样点的中值粒

径均大于 0.06mm,主要为砂等粗颗粒物质;大辽河口西水道及西滩滩面,表层沉积物中值粒径也较大,一般为 0.04~0.07mm,主要为粗粉砂;东滩附近表层沉积物中值粒径为 0.012~0.014mm,主要为细粉砂。总体来看,除滩面附近外,表层沉积物样品的中值粒径以小于 0.03mm 的细粉砂及粘土为主。

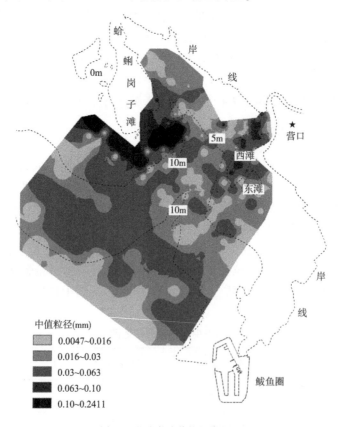

图 4-3 沉积物中值粒径分布图

4.1.3 沉积物分选特征

根据《海洋调查规范 第 8 部分:海洋地质地球物理调查》(GB/T 12763.8—2007),沉积物分选程度按表 4-3 划分为 5 个等级。该区表层沉积物的分选系数变化范围为 0.17~2.48,其中属于分选差的样品数为 171 个,占全部表层样的 83.4%;属于分选中等、分选好、分选极好的样品数分别为 11 个、13 个、10 个,分别占全部表层样的 5.4%、6.3%、4.9%;采集样品中不存在分选极差的情况。

第4章 沉积物特性及海岸性质

沉积物分选程度等级统计表　　　表4-3

分 选 等 级	分 选 系 数	样品数量(个)	所占比重(%)
分选极好	<0.35	10	4.9
分选好	0.35~0.71	13	6.3
分选中等	0.71~1.00	11	5.4
分选差	1.00~4.00	171	83.4
分选极差	≥4.00	0	0.0
全部样品	0.17~2.48	205	100

由图4-4可见,该海区沉积物分选程度普遍较差,分选中等、分选好的区域主要位于蛤蜊岗子滩及西滩附近,分选极好的沉积物仅在蛤蜊岗子滩及西水道附近零星分布。

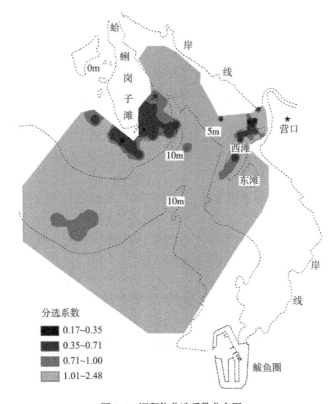

图4-4　沉积物分选系数分布图

4.2 沉积物垂向分布

在 2008 年 8 月大辽河口附近海域沉积物采样期间,在西水道及西滩滩头附近水域分表、中、底三层(每层 20cm)共采集 40×3 个柱状样,采样位置如图 4-1 所示,颗粒特征见表 4-4。

柱状样粒级含量及粒度特征统计表　　　　表 4-4

名称	样品数量（个）	粒径范围（mm）	粒级含量(%)			粒度参数		
			砂	粉砂	粘土	中值粒径（mm）	分选系数	偏态
表层	40	0.006~0.084	34.19	47.16	18.65	0.037	1.210	0.240
中层	40	0.006~0.084	39.86	43.96	16.19	0.046	1.122	0.302
底层	40	0.004~0.087	44.85	41.35	13.80	0.051	0.983	0.310

从柱状样各层沉积物类型来看,各层均以粘土质粉砂、粉砂质砂、砂质粉砂三种类型为主,表层样中各类型占比分别为 35.0%、22.5%、20.0%,中层样中各类型占比分别为 22.5%、35.0%、15.0%,底层样中各类型占比分别为 15.0%、47.5%、12.5%。从柱状样各层沉积物平均中值粒径来看,表层、中层、底层分别为 0.037mm、0.046mm、0.051mm,总体呈现出柱状样表层至底层,泥沙逐渐粗化的趋势。

从柱状样各层沉积物的粘土含量来看,表层、中层、底层分别为 18.7%、16.2%、13.8%,总体呈现出柱状样表层至底层,粘土含量逐渐减小的趋势。表层、中层、底层粘土含量大于 25.0% 的样品数分别为 10 个、9 个、7 个,占各层样品数的 25.0%、22.5%、17.5%。

从柱状样各层的分选系数来看,表层、中层、底层沉积物分选系数变化范围分别为 0.17~2.1、0.2~2.21、0.15~2.08,分选系数平均值分别为 1.21、1.12、0.98,分选系数大于 1 的样品数分别占各层样品总数的 65.0%、55.0%、50.0%。总体来看,柱状样各层分选差,且各层相差不大。

4.3 泥沙水力特性

2008 年在蛤蜊岗子滩东侧海域采集了海床泥沙(取样点如图 4-5 所示),实验泥样中值粒径为 0.0300mm,含泥量为 22.3%,级配曲线如图 4-6 所示。利用水槽开展泥沙起动、沉降、密室等多组实验,获得工程海域底沙在纯流、波流及波浪作用下的起动条件、动水下的沉降速度和静水密实等水力特性。

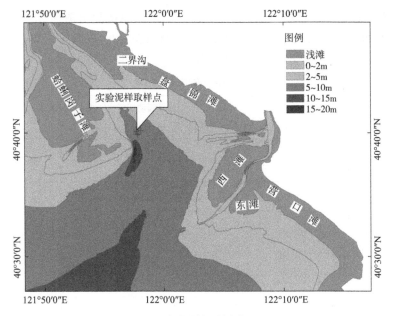

图 4-5 实验泥样取样点位置图

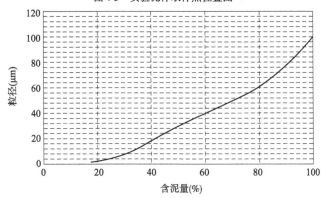

图 4-6 起动实验泥样级配曲线

4.3.1 泥沙起动实验

由表 4-5～表 4-7 可见,三种水动力下,纯流起动最难,波浪起动最容易,波流起动介于两者之间,如 $1.59t/m^3$ 重度下纯流临界起动切应力为 $0.55N/m^2$,波流临界起动切应力为 $0.44N/m^2$,波浪临界起动切应力为 $0.43N/m^2$;波浪作用下临界起动切应力为纯流作用下临界起动切应力的 76.4% 左右。

起动实验时,泥沙的起动与泥沙达到的重度、波浪周期等都有关系,重度越小、周期的越大起动越容易。实验泥样相近重度下起动摩擦阻流流速较小，泥样相对较易起动，如天津港 1.42t/m³ 起动摩阻流速为 0.038m/s，该泥样 1.46t/m³ 起动摩阻流速为 0.019m/s，较天津港泥样明显易起动。

水流作用下起动实验结果　　　　表4-5

水深 (m)	重度 (t/m³)	断面平均流速 U_c(m/s)	摩阻流速 U_*(m/s)	临界起动切应力 (N/m²)	临界Shields参数	临界沙粒雷诺数
0.4	1.59	0.59	0.023	0.55	1.15	0.69
0.4	1.46	0.48	0.019	0.38	0.74	0.56

波浪作用下起动实验结果　　　　表4-6

水深 (m)	重度 (t/m³)	周期 (s)	波高 (cm)	U_w (m/s)	摩阻流速 U_*(m/s)	临界起动切应力 (N/m²)	临界Shields参数	临界沙粒雷诺数
0.4	1.59	1.4	13.74	0.25	0.021	0.45	0.34	1.75
0.4	1.59	1.8	12.17	0.25	0.021	0.43	0.32	1.71
0.4	1.46	1.4	10.96	0.20	0.019	0.37	0.28	1.59
0.4	1.46	1.8	9.16	0.19	0.017	0.29	0.22	1.40

波流作用下起动实验结果　　　　表4-7

水深 (m)	重度 (t/m³)	周期 (s)	波高 (cm)	波流夹角	U_w (m/s)	断面平均流速 U_c(m/s)	摩阻流速 U_{wc*}(m/s)	临界起动切应力 (N/m²)	临界Shields参数	临界沙粒雷诺数
0.4	1.59	1.4	0.11	0.0	0.23	0.24	0.022	0.46	0.94	0.63
0.4	1.59	1.8	0.10	0.0	0.22	0.24	0.021	0.44	0.88	0.61
0.4	1.46	1.4	0.09	0.0	0.19	0.24	0.019	0.38	0.79	0.57
0.4	1.46	1.8	0.09	0.0	0.18	0.24	0.019	0.36	0.76	0.56

4.3.2 泥沙沉降实验

由图4-7可见，实验泥样动水沉降速度很大，如 1kg/m³ 初始含沙量、20cm/s 流速下100%沉降速度为 0.074cm/s，30%沉降速度可达 0.135cm/s；流速为 50cm/s 时，沉速曲线的曲率仍然较大，说明大于此流速时，泥沙沉降仍未停止，限于实验条件，大于此流速沉降未做研究。

由表4-8的沉降速度结果来看，水流速度、初始含沙量对泥沙沉降均有影响，流速愈大,紊动强度愈大,对泥沙沉降阻力也愈大。因此,泥沙沉降速度随水流速度的增加而减小,初始含沙量加大,增加了泥沙颗粒间的碰撞概率,使沉速有所加大。

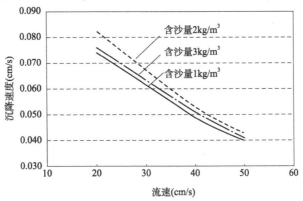

图 4-7　100%沉降时流速-沉速实验曲线

实验泥样沉降速度(单位:cm/s)　　　　　表 4-8

含 沙 量	状　态	水 流 速 度		
		0.2m/s	0.4m/s	0.5m/s
1kg/m³	30%	0.135	0.086	0.077
	60%	0.110	0.071	0.057
	100%	0.074	0.049	0.040
2kg/m³	30%	0.149	0.093	0.083
	60%	0.122	0.077	0.061
	100%	0.082	0.053	0.043
3kg/m³	30%	0.138	0.090	0.079
	60%	0.113	0.074	0.059
	100%	0.076	0.051	0.041

4.3.3　静水密实实验

静水密实实验时配置初始重度为 1.03t/m³ 和 1.05t/m³ 的两种泥样,实验结果表明,7h 后界面不再明显下降,1 天后实验泥沙均进入密实阶段,说明该泥样沉降、密实速度都很快。在静水情况下从初始密度 1.05t/m³ 到 1.60t/m³ 密实时间不到一天,而天津港泥样从 1.05t/m³ 到 1.30t/m³ 就用了 17 天。从实验泥沙密实快、密实后迅速达到的密度很大等特点可以看出,该泥样的可挖性较差。

4.4 悬沙颗粒分析

4.4.1 2007年悬沙颗粒分析

2007年4~5月在辽河口附近海域进行水文观测期间,在每个潮型的涨落急时刻采集悬沙样品进行分析,共采集了12×15个样品。

由表4-9、表4-10可见,悬沙全部样品均为粘土质粉砂,全部样品粒级含量的平均值,砂(≥0.063mm)占12.1%,粉砂(0.063~0.004mm)占65.3%,粘土(<0.004mm)占22.6%。从各潮型悬沙平均中值粒径来看,各测站的悬沙中值粒径D_{50}在0.0079~0.0162mm之间,全部悬沙样品的平均中值粒径D_{50}为0.0101mm。从各测站悬沙平均中值粒径来看,大潮为0.0102mm,中潮为0.0100mm,小潮为0.0100mm,大、中、小潮悬沙的中值粒径差别不大。悬沙全部样品分选系数在1.46~2.07间变化,平均值为1.74,属于分选差等级。不同站点、不同潮型间相差不大。

2007年大辽河口海域悬沙粒级含量及粒度特征统计表　　　表4-9

测站	名称	粒级含量(%)			粒度参数		
		砂	粉砂	粘土	中值粒径(mm)	分选系数	偏态
06-1	粘土质粉砂	11.9	63.9	24.1	0.010	1.767	0.664
06-2	粘土质粉砂	10.5	65.4	24.1	0.009	1.680	0.689
06-3	粘土质粉砂	11.5	65.7	22.7	0.011	1.739	0.687
06-4	粘土质粉砂	11.3	66.2	22.5	0.010	1.691	0.686
06-5	粘土质粉砂	14.0	62.5	23.5	0.011	1.750	0.648
06-6	粘土质粉砂	11.8	65.3	22.9	0.010	1.734	0.653
06-7	粘土质粉砂	11.0	67.3	21.7	0.010	1.738	0.682
06-8	粘土质粉砂	9.9	67.3	22.8	0.010	1.722	0.671
06-9	粘土质粉砂	12.6	64.9	22.6	0.010	1.746	0.653
06-10	粘土质粉砂	12.5	65.8	21.7	0.010	1.748	0.655
07-1	粘土质粉砂	11.8	64.1	24.2	0.009	1.736	0.674
07-2	粘土质粉砂	11.8	66.2	22.0	0.010	1.704	0.635
07-3	粘土质粉砂	12.5	65.3	22.2	0.009	1.754	0.658
07-4	粘土质粉砂	14.4	64.8	20.9	0.010	1.794	0.609
07-5	粘土质粉砂	14.7	64.9	20.4	0.010	1.805	0.606

第4章 沉积物特性及海岸性质

2007年大辽河口海域悬沙中值粒径平均值(单位:mm)　　表4-10

测　　站	小　潮	中　潮	小　潮	平　均
06-1	0.0103	0.0096	0.0102	0.0100
06-2	0.0106	0.0093	0.0086	0.0095
06-3	0.0104	0.0118	0.0132	0.0118
06-4	0.0102	0.0097	0.0098	0.0099
06-5	0.0109	0.0103	0.0104	0.0105
06-6	0.0100	0.0098	0.0094	0.0097
06-7	0.0092	0.0109	0.0111	0.0104
06-8	0.0108	0.0104	0.0095	0.0102
06-9	0.0100	0.0097	0.0097	0.0098
06-10	0.0107	0.0102	0.0094	0.0101
07-1	0.0089	0.0090	0.0088	0.0089
07-2	0.0122	0.0090	0.0093	0.0102
07-3	0.0095	0.0089	0.0099	0.0094
07-4	0.0096	0.0106	0.0101	0.0101
07-5	0.0102	0.0107	0.0101	0.0103
平均	0.0102	0.0100	0.0100	0.0101

4.4.2　2009年悬沙颗粒分析

2009年10月,在大风观测布置站位点附近进行了悬沙取样分析(位置如图5-6所示),由表4-11可见,各测站的中值粒径在0.004~0.0066mm之间,比2007年悬沙中值粒径明显偏小,而粘土比重明显偏高,4号测站高达59.7%,可能与盘锦近海陆域吹填施工时向海排泥有关。

2009年10月大辽河口海域悬沙粒径分析成果表　　表4-11

测站	名　称	粒级含量(%)			粒度参数		
		砂	粉砂	粘土	中值粒径(mm)	分选系数	偏态
YK-1	粘土质粉砂(YT)	19.4	46.0	34.6	0.0066	1.86	-0.68
YK-2	粘土质粉砂(YT)	12.3	46.9	40.8	0.0054	2.02	-0.91
YK-3	粉砂质粘土(TY)	9.0	35.3	55.7	0.0045	1.19	-0.55
YK-4	粉砂质粘土(TY)	11.1	29.2	59.7	0.0040	2.04	-1.09

4.5 试挖坑泥沙回淤特征

2007年11月21日—2008年11月19日,为配合盘锦荣兴港5万吨级航道工程建设,了解盘锦港区附近海域泥沙的回淤状况,在5万吨级航道位置试验段进行了试挖,试挖坑长200m(顺航道轴线方向),宽60m,边坡为1∶5,所处位置水深4m左右,浚后水深11m左右,试挖坑位置如图4-8所示。

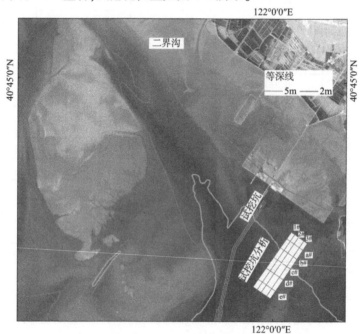

图4-8 试挖坑位置示意

2008年11月26日,试验单位对试挖坑内外的沉积物底质进行了取样并分析,分析结果表明,坑内底质粒径明显小于试挖坑坑外两侧的取样点,坑内表层1m的新淤积土,中值粒径均小于0.01mm,而1~1.2m的取样土层中值粒径均大于0.01mm,与试挖坑外的底质粒径基本相当,说明试挖坑内的淤积主要是由于悬沙淤积形成的。

对试挖坑内点位进行柱状取样(样品如图4-9所示),取样深度1.2m,未见原始地层。柱状样中表层上0.2m为黄色软泥,呈浮泥至流泥状,主要以粘土为主;表层下0.2m为偏黄色软泥,呈流泥状,不成形,表现出淤泥的性质,主要以粘土为主;中层上0.2m为偏黄色软泥,呈淤泥状,稍成形,流塑状态,主要以粘土为主;中层下0.2m为灰褐色软泥,呈淤泥状,稍成形,流塑状态,主要以粘土为主,较上部0.6m

稍硬；底层上0.2m为灰褐色软泥，呈淤泥状，稍成形，流塑状态，主要以粘土为主；底层下0.2m为浅灰色软泥，呈淤泥状，稍成形，流塑状态，主要是粘土为主，未见原状地层物质。

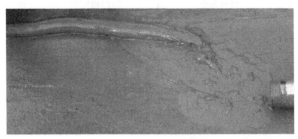

图4-9 试挖坑内柱状样样品

4.6 海岸性质

海岸类型可按陆地地貌形态、海岸成因、海岸物质组成等进行分类，目前并无统一的分类标准体系。在自然地理领域，海岸物质组成是常见的分类依据，一般分为基岩海岸、砂质海岸、淤泥质海岸、生物海岸。海岸工程尤其是港航工程更为关注海床沉积物差别所引起的工程泥沙效应问题，通常以沉积物中值粒径、沉积物中的粘土含量、泥沙运动特征、海床地貌特征等海岸带的物质组成和泥沙运动的一般规律进行分类，主要有沙质海岸、粉沙质海岸和淤泥质海岸三种基本类型，《港口与航道水文规范》(JTS 145—2015)给出了三种海岸类型的基本特征及判别标准(表4-12)。

三种海岸类型基本特征 表4-12

基本特征	海岸类型		
	沙质海岸	粉沙质海岸	淤泥质海岸
沉积物中值粒径 D_{50}	$D_{50}>0.10$mm	0.10mm$\geqslant D_{50}\geqslant 0.03$mm	$D_{50}<0.03$mm
沉积物中的粘土含量	—	<25%	≥25%
泥沙运动特征	颗粒间无粘着力，呈分散状态；波浪是泥沙运动的主要动力，泥沙运动主要发生在破碎带以内，以悬移质和推移质形式运动	在水中颗粒间有一定粘着力，干燥后粘着力消失，呈分散状态；在强波浪动力作用下，泥沙运动以悬移质、底部高浓度含沙层和推移质形式运动；开挖后的航槽在较强动力作用下易产生骤淤现象	泥沙颗粒间存在较强粘着力，在盐水中絮凝现象明显，泥沙运动主要以悬移质形式运动；开挖后的航槽淤积物固结缓慢，有时出现浮泥现象

续上表

基本特征	海岸类型		
	沙质海岸	粉沙质海岸	淤泥质海岸
海岸特征	在高潮线附近,泥沙颗粒较粗,海底坡度陡,通常大于1/100;从高潮线到低潮线,泥沙颗粒逐渐变细,海底坡面变缓;在波浪破碎带附近常出现一条或几条平行于海岸的沙坝	海底坡度较平缓,通常小于1/400,水下地形无明显起伏现象	海底坡度平缓,通常小于1/1000,水下地形无明显起伏现象

4.6.1 沉积物中值粒径

从 2008 年 8 月大范围采集的表层沉积物样品来看,全部 205 个样品平均中值粒径为 0.0363mm,中值粒径小于 0.03m 的样品数 122 个,占 59.5%;中值粒径大于 0.1mm 的样品数 8 个,其中 3 个位于蛤蜊岗子滩滩面,5 个位于蛤蜊岗子滩西南侧 2m 等深线附近,以其余 197 个样品统计,平均中值粒径为 0.029mm。总体来看,除滩面附近外,表层沉积物样品的中值粒径以小于 0.03mm 的细粉砂及粘土为主。

在 2007 年 4—5 月在水文测验期间,在各水文观测站点同步采集了表层底质样,从分析结果来看,外海 06-1～06-10 测站仅有 06-2、06-6、06-9 三个站点的底质样中值粒径(分别为 0.0317mm、0.0307mm、0.0311mm)略大于 0.03mm,其余均小于 0.03mm,外海 06-1～06-10 共 10 个测站的表层底质样平均中值粒径为 0.0199mm。

从中值粒径来看,该海区主要以 0.03mm 的沉积物为主,局部地段存在 $0.10\text{mm} \geq D_{50} \geq 0.03\text{mm}$ 的物质,较粗的物质主要位于蛤蜊岗子滩滩面。

4.6.2 沉积物粘土含量

从 2008 年 8 月大范围采集的表层沉积物样品来看,全部 205 个样品平均粘土含量为 21.0%,将中值粒径大于 0.1mm 的 8 个样品去掉后统计,其余 197 个样品平均粘土含量为 21.9%。

从 2007 年采集的表层底质样分析来看,外海 06-1～06-10 共 10 个测站的表层底质样粘土含量变化范围为 19.0%～40.9%,平均为 29.8%。见表 4-13。

第4章 沉积物特性及海岸性质

2007年水文泥沙测验底质颗粒分析成果表　　表4-13

测站	名称	粒级含量(%)			粒度参数		
		砂	粉砂	粘土	中值粒径(mm)	分选系数	偏态
06-1	粘土质粉砂(YT)	19.1	58.3	22.6	0.0298	1.82	0.67
06-2	砂-粉砂-粘土(STY)	20.1	57.0	22.9	0.0317	1.89	0.66
06-3	粘土质粉砂(YT)	16.5	55.0	28.5	0.0246	2.25	0.69
06-4	粘土质粉砂(YT)	8.7	51.9	39.4	0.0071	1.40	0.35
06-5	粘土质粉砂(YT)	12.0	56.9	31.1	0.0146	2.43	0.11
06-6	粉砂(T)	19.6	61.4	19.0	0.0307	1.36	0.50
06-7	粘土质粉砂(YT)	11.7	60.4	27.9	0.0140	1.60	0.67
06-8	粘土质粉砂(YT)	8.9	51.8	39.3	0.0074	1.61	0.20
06-9	粘土质粉砂(YT)	19.8	53.9	26.3	0.0311	2.20	0.92
06-10	粘土质粉砂(YT)	9.1	50.0	40.9	0.0080	1.89	0.26
07-1	粉砂质砂(TS)	49.3	37.4	13.3	0.0626	1.09	0.70
07-2	粉砂质砂(TS)	62.7	32.0	5.3	0.0692	0.36	0.09
07-3	粉砂质砂(TS)	54.0	30.6	15.4	0.0652	1.45	1.06
07-4	砂质粉砂(ST)	27.8	57.2	15.0	0.0435	1.20	0.54
07-5	砂质粉砂(ST)	42.0	47.6	10.4	0.0577	0.71	0.29

4.6.3 泥沙运动特征

从2007—2008年试挖坑中1.2m的柱状样分析可知,各层主要为流塑状或流泥状的淤泥,表层呈浮泥状,组成物质以粘土为主,坑内表层1m的新淤积土,中值粒径均小于0.01mm,表明试挖坑内的淤积主要由悬沙落淤形成的。

4.6.4 海岸特征

从双台子河口与大辽河口之间岸段的坡度来看,0~2m等深线间的海岸坡度约为0.81/1000,2~5m等深线间的海岸坡度约为0.99/1000,5~10m等深线间的海岸坡度约为0.34/1000,0~10m等深线间的海岸坡度平均约为0.50/1000。蛤蜊岗子滩与西滩附近局部岸段,坡度稍大,但一般小于1/100。

综上所述,从沉积物中值粒径、粘土含量、泥沙运动特征、海岸特征等来看,双台子河口与大辽河口之间的岸段主要表现为淤泥质海岸的性质,但该海区部分位置存在 0.03~0.10mm 的粗粉砂和细砂,尤其以 0.03~0.045mm 的粗粉砂居多,在泥沙水力学特性上又具有粉沙质海岸特点。

4.7 小　　结

(1)该海区表层沉积物主要以粘土质粉砂、砂质粉砂分布最为广泛,两者合计占 71.6%;沉积物分布具有横向分异特征,中值粒径较大的粗颗粒物质主要位于蛤蜊岗子滩、西滩滩面及其附近,但从西水道附近的柱状样来看,各层垂向分布差异不大;除滩面附近外,表层沉积物以中值粒径小于 0.03mm 的细粉砂及粘土为主。

(2)从盘锦荣兴港 5 万吨级航道工程试挖坑的回淤泥沙来看,淤积物主要为浮泥状的新淤积土,中值粒径小于 0.01mm,主要由悬沙落淤形成。

(3)从 2008 年采集泥样的水力特性实验结果来看,实验泥样的起动流速小、沉降速度大、密室快、密室后迅速达到的重度很大,泥样的可挖性较差。

(4)综合沉积物中值粒径、粘土含量、泥沙运动特征、海岸特征等分析,双台子河口与大辽河口之间的岸段主要表现为淤泥质海岸的性质,但该海区部分位置存在 0.03~0.10mm 的粗粉砂和细砂,尤其以 0.03~0.045mm 的粗粉砂居多,在泥沙水力学特性上又具有粉沙质海岸特点。

第5章 辽河口附近海域悬浮泥沙时空变化及运移趋势

河口海岸泥沙分布是近岸环境调查的重要内容,也是近岸水利工程实施过程中的基础性水文资料。常规依靠船舶定位测量方式,测量的密度和频率有限,并且在风浪较大时,数据获取困难,很难把握河口泥沙的宏观运动特征和输移规律。而目前的水色遥感研究经过近30余年的发展,在河口海岸表层悬浮泥沙监测方面积累了丰富的经验,能够实时、快速、大面积、动态地获取河口地区的表层悬浮泥沙分布情况,已经广泛地应用于近岸表层悬浮泥沙浓度场的监测与泥沙输移趋势的分析研究,为近岸水利工程实施过程中的泥沙监测分析提供了重要资料。恽才兴等、陈鸣等、何青等分析了长江河口悬沙的分布特征和扩散问题;邓明等、陈晓玲等统计分析了珠江河口悬沙的时空变化规律和特点;樊辉等研究了黄河河口水体的光谱特性,并建立了相关的模式。但这些研究对于不同地形和天气下的悬沙分布定量研究不多,尤其在辽河口这种水文泥沙资料较少,周围入海河流较多,江海交互作用复杂的河口近岸地带,采用遥感方式分析不同地形和天气下的悬沙分布,对于研究不同河口区域泥沙的分布特点和河口间的泥沙输移,无疑具有重要意义。

本章根据大、中、小潮大规模定点观测资料,分析了一般天气条件下辽河口附近海域泥沙的分布及全潮观测期间涨落潮过程泥沙的变化特点,并计算了各站潮段单宽输沙量及输移方向;根据大风天定点及走航追测资料,分析大风天辽河口附近海域泥沙的分布特点及输移情况;在此基础上,采用多张覆盖不同潮情、风况条件的遥感影像,按照水深及位置分区的方式定量计算悬浮泥沙浓度,研究成果对于掌握辽河口附近海域悬浮泥沙时空变化规律及运移趋势,计算预测航道淤积量具有重要的支撑作用。

5.1 研究资料及方法

5.1.1 悬浮泥沙遥感监测原理

按照光学特性的不同,一般将海洋水体分为Ⅰ类水体(Case 1 Waters)和Ⅱ类水体(Case 2 Waters)两类。典型的Ⅰ类水体是指大洋水体,其光学特性主要由浮游植物及其伴生物决定；Ⅱ类水体是指近海及河口水体，光学特性主要由悬浮物质和黄色物质(有色可溶性有机物)决定。河口地区汇聚了流域和近岸的陆源物质，在陆海相互作用下，悬浮物质浓度往往比其他水体高出很多，尤其是高浓度的悬浮泥沙在水体光谱特性中往往起主导作用。同时，由于水体的吸收作用及水体细颗粒物质的反射作用较强，可见光对河口水体的透射性能一般较差，通常认为反映的是表层悬浮泥沙的含量。

含沙水体的光谱曲线比清水高，峰值明显向长波方向移动。已有研究表明，含沙水体的光谱一般有两个峰值(图5-1)，主峰大概位于560~720nm，次级峰大概位于810nm附近，当泥沙浓度较小时，次级峰明显低于主峰峰值，当泥沙浓度较高时，次级峰峰值明显上升，与主峰幅度大概相等。另外，含沙水体的光谱反射率一般随含沙量增加而增加，但增加幅度不同，变化率随含沙量的增加而减小，当含沙量较大时，光谱反射率趋于某一常量。Ⅱ类水体表层悬沙反演正是基于此原理。

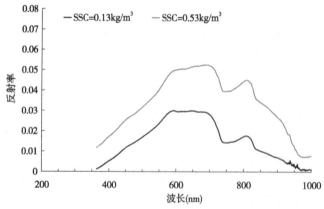

图 5-1　含沙水体光谱曲线

目前，悬沙遥感反演采用的多为可见光与近红外影像，数据源主要有 Landsat(美国陆地资源卫星)、Spot(法国地球观测卫星)、NOAA/AVHRR(美国第三代实用气象观测卫星)、SeaWIFS(美国第二代海色遥感传感器)、MODIS(中分辨率成像光谱辐射计)等影像类型。其中由于 Landsat 卫星运行时间长、数据比较连续、影像分辨率较高、价格低廉，且同类研究较多、研究相对成熟，易于比较，因此是目前近岸工程悬浮泥沙反演首选的数据源。

5.1.2　研究资料

本书分析辽河口附近海域悬浮泥沙时空变化及运移趋势的资料包括2007年4月26日—5月3日实测全潮含沙量资料，2009年10月16—20日大风天期间(营

第5章 辽河口附近海域悬浮泥沙时空变化及运移趋势

口气象站极大风速7级)定点及走航观测含沙量资料。其中,2007年水文测验期间,在辽河口附近海域共布置了15个水文定点测站;2009年大风天水文观测期间,除布置4个水文定点测站外,还在蛤蜊岗子滩东侧水道和大辽河口东水道布置两条走航线路,两次水文观测均采用6点法获得不同层次的含沙量数据。

本书还收集了1991—2006年14幅覆盖不同潮情、风况条件的遥感影像,影像类别为Landsat 5 TM和Landsat 7 ETM。所选影像成像时天空云量较少,潮流条件覆盖了大、中、小潮及涨、落潮等情况,并包括6~7级大风过后的影像。表5-1给出了收集影像的基本情况,其中潮位由锦州(笔架山)潮位站的潮汐表数据推算,海区风况依据的是营口气象站的风资料。

影像潮情和风况条件   表5-1

编号	成像时间	传感器类型	潮型/潮段(h)/潮位(cm)	海 区 风 况
1	1991年4月25日	TM	小潮/涨潮 0.2/96	NW向/3级,前几日风7级
2	1993年9月21日	TM	中潮/落潮 1.8/377	SSE向/2级
3	1994年4月1日	TM	中潮/落潮 1.6/250	S向/3级
4	1994年8月23日	TM	大潮/落潮 3.6/188	S向/2级
5	2000年9月8日	TM	小潮/涨潮 3.8/254	SSW向/3级
6	2000年10月2日	ETM	中潮/落潮 3.0/283	NNE向/4级
7	2001年5月30日	ETM	中潮/涨潮 0.2/249	W向/3级
8	2001年9月27日	TM	小潮/涨潮 3.3/232	NE向/5级,前几日风6级
9	2002年11月9日	ETM	中潮/落潮 3/318	WSW向/6级
10	2004年3月27日	TM	中潮/落潮 1.5/229	S向/5级
11	2004年10月21日	TM	中潮/落潮 0.8/373	NW向/5~4级
12	2005年7月20日	TM	中潮/涨潮 0.6/109	SSW向/5级
13	2005年10月8日	TM	中潮/落潮 3.2/303	SE向/2级
14	2006年11月12日	TM	中潮/落潮 1.5/331	SSW向/6级

5.1.3 研究方法及结果

对所选影像进行大气校正、几何校正后,在ArcGIS平台下对陆地和出露的浅滩等进行掩模处理,然后利用ArcGIS Modle工具进行结果计算。所采用的模型为半经验的渤海湾悬浮泥沙反演公式,即式(5-1)和式(5-2)。从反演结果中选择天气和潮情与2004年9月21日水文泥沙测验时(实测值)相近的2004年10月21日影像(反演值),对其表层悬浮泥沙浓度进行比较,以验证模型的可靠性。由表5-2可见,10个站点中(测站位置如图5-2所示),最大相对误差为54.1%,最小相对误差为1.0%,平均相对误差为13.2%,由此判断模型反演精度为86.8%,能够满足研究要求。

Landsat 5 TM影像悬沙遥感反演经验公式为:

$$\ln SSC = 8.11 TM3/TM2 - 4.2308 \qquad (5-1)$$

Landsat 7 ETM影像悬沙遥感反演经验公式为:

$$\ln SSC = 9.32 TM3/TM2 - 4.2308 \qquad (5-2)$$

式中,SSC为水体表层悬浮泥沙浓度,单位为mg/L;TM2、TM3分别为Landsat影像的第2、第3波段。

大辽河口悬浮泥沙浓度验证结果 　　　　　表5-2

测站	1号	2号	3号	4号	5号	6号	7号	8号	9号	10号
实测值(mg/L)	164.68	254.36	143.68	233.36	178.68	315.36	324.36	444.68	438.18	89.68
反演值(mg/L)	178.98	285.22	221.37	221.37	232.49	302.02	321.03	453.25	420.68	80.32
绝对误差(mg/L)	14.3	30.86	77.69	-11.99	53.81	-13.34	-3.33	8.57	-17.5	-9.36
相对误差	8.7%	12.1%	54.1%	5.1%	30.1%	4.2%	1.0%	1.9%	4.0%	10.4%

为定量分析不同风况、潮情下的悬浮泥沙空间分布情况,本书根据水深地形的位置特点将研究区分为12个子区(图5-2),然后求算12个区的表层悬浮泥沙浓度平均值,进而定量分析辽东湾近岸海域不同风况、不同潮情下的悬浮泥沙空间分布规律。本书附图1~附图14给出了各张遥感影像反演的泥沙浓度分级图。

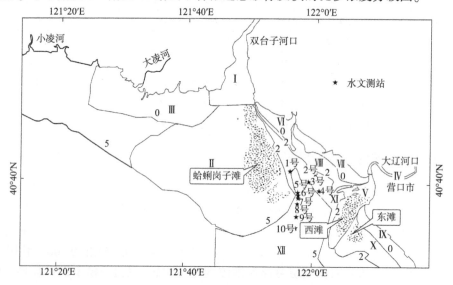

图5-2　水文测站及研究区分区图

5.2 全潮过程实测含沙量变化及泥沙输移分析

(1) 一般分布特征

由表 5-3 可见,2007 年 4 月 26 日—5 月 3 日水文观测期间(测站位置参见图 3-6),位于大辽河河口河槽内的 07-1~07-5 测站的平均含沙量明显高于河口外测站,其平均值均大于 0.3kg/m³;位于 5m 等深线附近或以浅水域的 06-1、06-3、06-6、06-9 测站的含沙量明显高于外海其他测站,三个潮段的涨落潮平均含沙量均大于 0.1kg/m³;其他测站的含沙量较小,三个潮段的涨落潮平均含沙量一般在 0.05kg/m³ 左右;06-4 和 06-10 测站的水较深,含沙量相对较低。含沙量总体上表现为自近岸(或浅滩)向外海逐渐减小的趋势,主要是因为风浪的掀沙作用使得近岸和浅滩附近的泥沙浓度增加。

各测站潮段平均含沙量统计表(单位:kg/m³) 表 5-3

测站	落潮				涨潮			
	小潮	中潮	大潮	平均	小潮	中潮	大潮	平均
06-1	0.050	0.173	0.179	0.134	0.055	0.246	0.248	0.183
06-2	0.049	0.119	0.111	0.093	0.046	0.086	0.072	0.068
06-3	0.052	0.211	0.168	0.144	0.031	0.218	0.189	0.146
06-4	0.031	0.082	0.068	0.060	0.036	0.06	0.062	0.053
06-5	0.034	0.123	0.082	0.080	0.042	0.108	0.071	0.074
06-6	0.079	0.185	0.195	0.153	0.080	0.208	0.169	0.152
06-7	0.027	0.080	0.052	0.053	0.035	0.080	0.053	0.056
06-8	0.027	0.087	0.073	0.062	0.024	0.077	0.070	0.057
06-9	0.058	0.173	0.152	0.128	0.047	0.144	0.154	0.115
06-10	0.027	0.060	0.059	0.049	0.020	0.050	0.050	0.040
07-1	0.238	0.395	0.418	0.350	0.231	0.367	0.316	0.305
07-2	0.192	0.378	0.390	0.320	0.187	0.368	0.364	0.306
07-3	0.186	0.330	0.335	0.284	0.165	0.400	0.387	0.317

续上表

测站	落潮				涨潮			
	小潮	中潮	大潮	平均	小潮	中潮	大潮	平均
07-4	0.215	0.386	0.378	0.326	0.203	0.341	0.347	0.297
07-5	0.233	0.390	0.393	0.339	0.248	0.376	0.369	0.331
平均	0.100	0.211	0.203	0.172	0.097	0.209	0.195	0.167

(2) 不同潮型的含沙量

该海域涨、落潮平均含沙量为 0.169kg/m³，其中小潮期间涨、落潮平均含沙量为 0.098kg/m³，中潮期间涨、落潮平均含沙量为 0.210kg/m³，大潮期间涨、落潮平均含沙量为 0.199kg/m³，中潮涨落、潮平均含沙量略大于大潮，小潮涨、落潮含沙量最小（图 5-3）。由于中潮测验前刮了几天 SW 风，掀起了蛤蜊岗子滩、西滩等浅滩的泥沙，使得中潮涨、落潮平均含沙量略大于大潮，小潮涨、落潮平均含沙量最小。

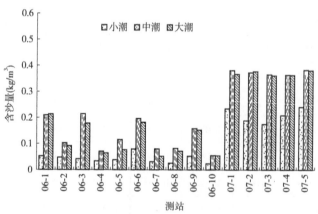

图 5-3 不同潮型下的各测站平均含沙量

大潮期间平均含沙量最大值为 0.418kg/m³，出现在 07-1 测站；最小值为 0.05kg/m³，出现在 06-10 测站。中潮期间平均含沙量最大值为 0.4kg/m³，出现在 07-3 测站；最小值为 0.05kg/m³，出现在 06-10 测站。小潮期间平均含沙量最大值为 0.248kg/m³，出现在 07-5 测站；最小值为 0.02kg/m³，出现在 06-10 测站。

(3) 不同潮段的含沙量

由表 5-3、图 5-4 可见，15 个测站的落潮平均含沙量为 0.172kg/m³，涨潮平均含沙量为 0.167kg/m³。总体来看，浅滩附近的涨潮平均含沙量大于落潮平均含沙量,如06-1、06-3测站;除07-3测站外,大辽河河槽内的落潮平均含沙量大于涨潮平均含沙量;位于西滩西侧与蛤蜊岗子滩东侧之间的各站,除06-7测站外,落潮平均含沙量均大于涨潮平均含沙量。

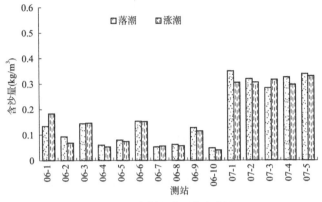

图 5-4　不同潮段的平均含沙量

(4) 含沙量垂线分布

如图 5-5 所示,小、中、大潮期间,同一测站不同层次之间的涨、落潮平均含沙量均呈表层最小、中层次之、底层最大的分布趋势。

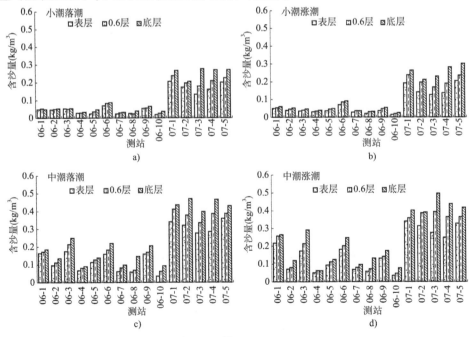

图 5-5

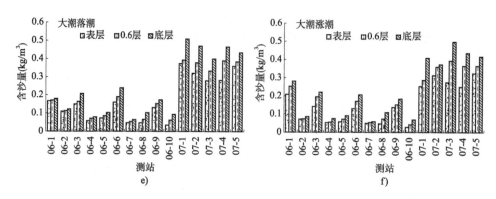

图 5-5 各测站潮段平均含沙量垂线分布图

由表 5-4 可见,外海的 06-1～06-10 各测站底层含沙量与表层含沙量的比值,小潮、中潮、大潮期间分别为平均 1.44、1.53、1.54,且涨落潮时差别不大,各层分布比较均匀。

各层含沙量与表层的比值　　　　　　表 5-4

测站	潮段	小潮		中潮		大潮	
		0.6层/表层	底层/表层	0.6层/表层	底层/表层	0.6层/表层	底层/表层
外海 (06-1～06-10 测站)	涨潮	1.238	1.380	1.191	1.570	1.251	1.595
	落潮	1.140	1.354	1.228	1.596	1.222	1.542
河道 (07-1～07-5 测站)	涨潮	1.306	1.655	1.262	1.456	1.260	1.529
	落潮	1.213	1.521	1.205	1.402	1.174	1.423

(5)最大含沙量

各测站垂线最大含沙量见表 5-5。小潮期间,实测的最大含沙量为 $0.457 kg/m^3$,出现在 07-3 测站;中潮期间,实测的最大含沙量为 $0.584 kg/m^3$,出现在 07-2 测站;大潮期间,实测的最大含沙量为 $0.669 kg/m^3$,出现在 07-1 测站。

各测站垂线最大含沙量统计表(单位:kg/m^3)　　表 5-5

测站	落潮			涨潮		
	小潮	中潮	大潮	小潮	中潮	大潮
06-1	0.083	0.284	0.373	0.094	0.336	0.471
06-2	0.065	0.223	0.173	0.077	0.211	0.134
06-3	0.083	0.359	0.294	0.085	0.400	0.387

第5章 辽河口附近海域悬浮泥沙时空变化及运移趋势

续上表

测站	落潮			涨潮		
	小潮	中潮	大潮	小潮	中潮	大潮
06-4	0.048	0.134	0.167	0.053	0.105	0.172
06-5	0.059	0.197	0.153	0.058	0.163	0.142
06-6	0.138	0.292	0.316	0.126	0.407	0.313
06-7	0.048	0.131	0.093	0.065	0.123	0.096
06-8	0.050	0.186	0.130	0.050	0.194	0.145
06-9	0.085	0.324	0.241	0.079	0.224	0.246
06-10	0.054	0.119	0.144	0.035	0.123	0.124
07-1	0.457	0.520	0.669	0.446	0.577	0.619
07-2	0.408	0.584	0.627	0.267	0.573	0.609
07-3	0.456	0.580	0.545	0.298	0.559	0.583
07-4	0.336	0.574	0.505	0.363	0.573	0.516
07-5	0.372	0.535	0.528	0.356	0.551	0.508

(6) 单宽输沙量

各测站的单宽输沙量和方向见表5-6。总体来看，各站的潮段单宽输沙量方向与潮流方向基本一致，涨潮时，随涨潮流向河口及边滩输送，落潮时，随落潮流向外海输送。从潮型来看，在天气条件较好的小潮与大潮，外海的06-1~06-9测站的涨潮输沙一般大于落潮，以涨潮输沙为主，其净输沙方向基本指向河口及边滩，在蛤蜊岗子滩东侧深槽海域基本呈现NE向，在双台子河口侧转为NW向；而在风浪稍大的中潮时，外海各站的输沙以落潮流为主，其净输沙一般向外海输送；06-10测站位于10m等深线以深水域，在天气较好的小潮与大潮，输沙基本平衡，而在风浪较大的中潮，落潮流输沙明显增大。

07-1~07-5测站位于大辽河口河道，其中口门附近07-3测站涨潮输沙一般大于落潮输沙，位于西滩东北侧大辽河口东水道的07-2测站落潮输沙一般大于涨潮输沙。

综上可知，在天气较好的情况下，蛤蜊岗子滩东侧水域的悬浮泥沙在涨潮流的作用下向边滩、大辽河口及双台子河口输送；而在风浪较大时，该海域的泥沙随落潮流向外海输送，表明在风浪较大的时候，浅海存在掀沙现象，并在落潮流的作用下部分泥沙向远海输送。

单宽输沙量及方向 [单位:输沙量为 kg/(d·m);输沙方向为 °]　　表5-6

测站		小潮单宽输沙量				中潮单宽输沙量				大潮单宽输沙量			
		涨潮		落潮		涨潮		落潮		涨潮		落潮	
		输沙量	输沙方向	输沙量	输沙方向	输沙量	输沙方向	输沙量	输沙方向	输沙量	输沙方向	输沙量	输沙方向
外海	06-1	4004	325	2091	147	8257	322	10841	152	17504	328	10174	149
	06-2	6397	8	5132	181	12807	14.5	16282	182	14406	9	16733	182
	06-3	3322	349	4212	168	27014	342	22492	170	31971	344	19930	181
	06-4	8508	36	6083	228	14799	37	22938	225	17546	32	17880	225
	06-5	6007	21	3619	200	19942	21	21208	199	15723	22	13226	207
	06-6	9350	39	6216	211	19358	42	15841	215	20417	39	14330	217
	06-7	4042	51	3123	236	11009	53	12460	240	8296	47	6490	240
	06-8	4505	34	3293	30	15310	28	18974	215	16306	31	14909	216
	06-9	6054	36	4264	29	20099	24	24329	218	26815	26	19694	37
	06-10	3285	50	3221	227	10100	52	13068	225	11931	45	11989	222
河道	07-1	12543	32	11135	201	18763	34	22375	201	22862	31	24044	203
	07-2	11612	48	18135	200	22074	60	44447	218	27696	65	42493	217
	07-3	63264	42	60449	204	42127	54	33518	221	54285	58	23721	221
	07-4	19512	118	24528	286	39439	119	56067	293	461578	94	57134	304
	07-5	24292	2	26582	167	47787	7	48630	185	55411	7	50833	187

5.3　大风天实测含沙量变化特征

(1)大风天含沙量定点观测

2009年10月16—20日,该地区普遍大风降温,根据营口气象站资料,该时段的极大风速达到了7级,在大风期间,在大辽河口附近水域布置了4个水文测站,获取了10月17—20日的潮流、底层泥沙及波浪资料。其测站位置如图5-6所示。

自10月17日13:00至10月20日6:00共进行了66个小时的逐时底层含沙量观测,观测期间,1号测站的平均含沙量为0.19kg/m³,2号测站的平均含沙量为0.21kg/m³,3号测站的平均含沙量为0.67kg/m³。三个测站中(由于仪器问题,

4号测站 数据未统计),3号测站的含沙量最大,最大达到了 1.42kg/m³。

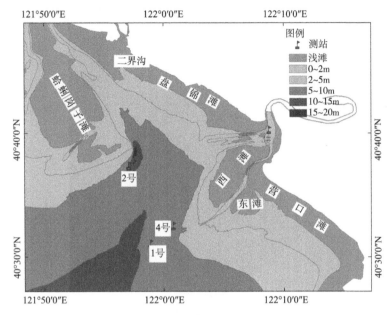

图 5-6　大风天水文观测站位布置图

根据观测资料,统计潮段平均流速、潮段最大流速、潮段平均含沙量、潮段最大含沙量见表 5-7。1号测站涨潮平均流速大于落潮,而涨潮平均含沙量与落潮差别不大;2号测站涨潮平均流速和涨潮平均含沙量均大于落潮;3号测站的涨潮平均流速与落潮差别不大,但涨潮平均含沙量要明显大于落潮,表明大风天时,附近浅滩的泥沙有向河口口内输送的趋势。

大风天定点水文观测潮段平均流速与平均含沙量统计　　表 5-7

测　站	涨　潮				落　潮			
	平均流速(m/s)	最大流速(m/s)	平均含沙量(kg/m³)	最大含沙量(kg/m³)	平均流速(m/s)	最大流速(m/s)	平均含沙量(kg/m³)	最大含沙量(kg/m³)
1号	0.52	1.04	0.185	0.298	0.33	0.65	0.193	0.378
2号	0.53	0.93	0.222	0.717	0.47	0.81	0.178	0.529
3号	0.43	0.62	0.826	1.424	0.44	0.81	0.549	1.241

(2)大风天含沙量走航追测

2009年10月21日,在大辽河口附近海域进行了大风天含沙量追测,共布置蛤蜊岗子滩东侧水道和大辽河口东水道两个线路,通过6点法获得了其不同层次的含沙量数据,其走航位置如图 5-7 所示。

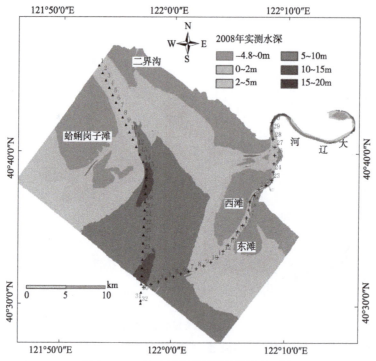

图 5-7 2009 年 10 月大风追测断面测点布置图

注:水深负值表示滩面

蛤蜊岗子滩东侧水道含沙量追测成果分析:蛤蜊岗子滩东侧(双台子河口)追测的表层和底层含沙量如图 5-8 所示,追测点位的最大含沙量为 2.02kg/m³,出现在 17 号测点的底层,最小含沙量为 0.043kg/m³,出现在 21 号测点的表层,表层平均含沙量为 0.35kg/m³,底层平均含沙量为 0.70kg/m³,垂线平均含沙量平均为 0.51kg/m³。表层含沙量自 21 号测点开始明显变小,在浅滩附近的 1~20 号测点,表层含沙量较大,而在深水区的 21~32 号测点,表层含沙量较小;底层含沙量在 15~18 号测点突然增加,可能是波浪的掀沙作用所致,在 19~32 号测点,由于水深较大,底层含沙量较小,在 1~14 号测点,由于处于蛤蜊岗子滩的东侧背浪面,水动力减弱,底层含沙量也比 15~18 号测点小,但由于位于浅滩附近,15~18 号测点的底层含沙量还是比在深水区的 19~32 号测点的底层含沙量高。

大辽河口东水道含沙量追测成果分析:大辽河口东水道追测的表层和底层含沙量如图 5-9 所示,追测点位的最大含沙量为 2.36kg/m³,出现在 14 号测点的底层,最小含沙量为 0.072kg/m³,出现在 1 号测点的表层,表层平均含沙量为

0.42kg/m³,底层平均含沙量为1.37kg/m³,垂线平均含沙量平均为0.88kg/m³。表层和底层含沙量自5m等深线的7号测点向浅水区方向迅速增大,在辽河口口门附近的23~28号测点,略有下降。

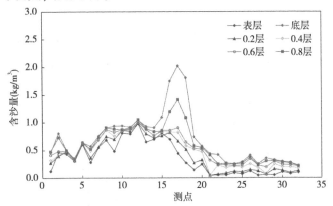

图5-8 双台子河口追测断面含沙量垂线分布

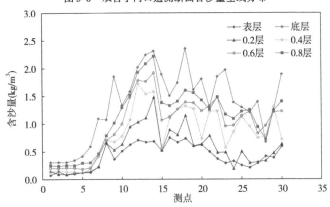

图5-9 大辽河口追测断面含沙量垂线分布

总体来看,浅滩附近和水深浅的海域含沙量较大,而在水深较大的深水区,含沙量较小,5m等深线附近的含沙量一般急剧上升,可能是由于波浪的掀沙作用所致。

近底层高浓度含沙水体特性:由表5-8、表5-9可见,大风天后追测的底层与表层含沙量的比值明显较大,蛤蜊岗子滩东侧水域底层与表层含沙量的比值平均为3.27,大辽河口东水道底层与表层含沙量的比值平均为3.59,双台子河口侧线路的21号测点最大达到了10.16,表明大风期间,测点区域的水体存在较为明显的临底部高浓度含沙层。

蛤蜊岗子滩东侧水道追测含沙量各层分布　　　表5-8

测点	表层 (kg/m³)	0.2层 (kg/m³)	0.4层 (kg/m³)	0.6层 (kg/m³)	0.8层 (kg/m³)	底层 (kg/m³)	垂线平均 (kg/m³)	底层/表层
1	0.120	0.273	0.321	0.414	0.477	0.458	0.365	3.817
2	0.466	0.394	0.407	0.485	0.729	0.806	0.530	1.730
3	0.434	0.476	0.483	0.482	0.496	0.504	0.481	1.161
4	0.305	0.317	0.324	0.355	0.333	0.340	0.330	1.115
5	0.607	0.615	0.631	0.643	0.636	0.639	0.630	1.053
6	0.283	0.364	0.489	0.518	0.521	0.574	0.464	2.028
7	0.552	0.561	0.681	0.688	0.737	0.757	0.664	1.371
8	0.684	0.748	0.862	0.874	0.906	0.901	0.836	1.317
9	0.482	0.695	0.756	0.824	0.882	0.936	0.773	1.942
10	0.808	0.856	0.860	0.873	0.871	0.941	0.867	1.165
11	0.796	0.845	0.872	0.881	0.907	0.914	0.872	1.148
12	0.979	0.986	1.003	1.010	1.049	1.040	1.011	1.062
13	0.650	0.796	0.865	0.877	0.888	0.929	0.843	1.429
14	0.696	0.720	0.770	0.762	0.834	0.906	0.778	1.302
15	0.809	0.761	0.837	0.860	0.848	1.090	0.851	1.347
16	0.695	0.818	0.827	0.858	1.193	1.749	0.983	2.517
17	0.442	0.664	0.823	0.904	1.411	2.021	1.007	4.572
18	0.270	0.513	0.580	0.645	1.082	1.809	0.772	6.700
19	0.141	0.269	0.514	0.535	0.581	0.742	0.468	5.262
20	0.244	0.325	0.473	0.517	0.547	0.573	0.454	2.348
21	0.043	0.044	0.051	0.319	0.416	0.437	0.214	10.163
22	0.053	0.066	0.226	0.237	0.249	0.420	0.203	7.925
23	0.052	0.086	0.188	0.235	0.261	0.267	0.186	5.135
24	0.090	0.117	0.210	0.217	0.242	0.251	0.191	2.789
25	0.069	0.107	0.191	0.228	0.264	0.284	0.193	4.116
26	0.121	0.146	0.251	0.341	0.373	0.409	0.275	3.380
27	0.044	0.121	0.183	0.228	0.232	0.250	0.182	5.682

第5章 辽河口附近海域悬浮泥沙时空变化及运移趋势

续上表

测　点	表层 (kg/m³)	0.2层 (kg/m³)	0.4层 (kg/m³)	0.6层 (kg/m³)	0.8层 (kg/m³)	底层 (kg/m³)	垂线平均 (kg/m³)	底层/表层
28	0.058	0.065	0.074	0.194	0.300	0.355	0.168	6.121
29	0.050	0.157	0.249	0.297	0.309	0.321	0.240	6.420
30	0.106	0.134	0.197	0.240	0.282	0.292	0.210	2.755
31	0.077	0.093	0.194	0.234	0.265	0.275	0.193	3.571
32	0.099	0.130	0.174	0.208	0.215	0.219	0.177	2.212

大辽河口东水道追测含沙量各层分布　　　　表5-9

测　点	表层 (kg/m³)	0.2层 (kg/m³)	0.4层 (kg/m³)	0.6层 (kg/m³)	0.8层 (kg/m³)	底层 (kg/m³)	垂线平均 (kg/m³)	底层/表层
1	0.072	0.144	0.143	0.201	0.25	0.304	0.185	4.222
2	0.138	0.093	0.145	0.197	0.238	0.306	0.179	2.217
3	0.08	0.088	0.136	0.207	0.25	0.305	0.175	3.813
4	0.1	0.111	0.132	0.201	0.245	0.34	0.182	3.400
5	0.117	0.126	0.115	0.183	0.292	0.414	0.196	3.538
6	0.128	0.138	0.185	0.207	0.299	0.592	0.238	4.625
7	0.222	0.224	0.41	0.437	0.458	1.092	0.437	4.919
8	0.657	0.651	0.704	0.704	0.787	1.074	0.742	1.635
9	0.361	0.526	0.675	0.81	1.014	1.853	0.826	5.133
10	0.51	0.634	0.778	0.998	1.294	1.333	0.925	2.614
11	0.626	0.947	1.074	1.476	1.515	1.583	1.223	2.529
12	0.707	1.031	1.727	1.783	1.931	2.021	1.567	2.859
13	0.671	1.105	1.538	1.763	2.085	2.245	1.59	3.346
14	0.685	1.474	1.58	1.922	2.22	2.314	1.739	3.378
15	0.512	0.526	0.564	1.065	1.381	1.896	0.948	3.703
16	0.752	0.894	1.101	1.126	1.327	1.507	1.115	2.004
17	0.667	0.802	1.262	1.26	1.405	1.741	1.187	2.610
18	0.737	1.146	1.321	1.392	1.603	2.36	1.422	3.202

续上表

测点	表层 （kg/m³）	0.2层 （kg/m³）	0.4层 （kg/m³）	0.6层 （kg/m³）	0.8层 （kg/m³）	底层 （kg/m³）	垂线平均 （kg/m³）	底层/表层
19	0.599	0.604	1.272	1.377	1.559	1.615	1.184	2.696
20	0.623	0.636	0.733	1.234	1.428	1.809	1.05	2.904
21	0.496	0.788	1.224	1.322	1.258	1.297	1.098	2.615
22	0.365	0.481	1.23	1.476	1.485	1.854	1.156	5.079
23	0.29	0.486	0.57	0.959	1.172	1.975	0.864	6.810
24	0.327	0.192	0.857	0.973	1.092	1.389	0.794	4.248
25	0.25	0.498	1.131	1.148	1.224	1.3	0.955	5.200
26	0.209	0.293	0.952	1.22	1.253	1.208	0.885	5.780
27	0.289	0.309	0.747	0.829	0.944	1.399	0.735	4.841
28	0.414	0.335	0.777	0.968	0.723	0.675	0.669	1.630
29	0.388	0.47	1.306	1.214	1.239	1.257	1.01	3.240
30	0.592	0.633	0.72	1.226	1.403	1.893	1.045	3.198

5.4 悬浮泥沙时空变化遥感定量分析

5.4.1 表层悬浮泥沙时空变化的一般规律

本节根据率定的悬浮泥沙反演模型，计算了收集到的14幅遥感影像的悬浮泥沙浓度，并根据图5-2的分区情况统计了不同区域的表层悬浮泥沙浓度平均值，见表5-10所示。在此基础上，结合实测含沙量变化情况，分析悬浮泥沙时空变化规律。

工程海域表层悬沙浓度分区统计表（单位：kg/m³） 表5-10

影像\分区	Ⅰ	Ⅱ	Ⅲ	Ⅳ	Ⅴ	Ⅵ	Ⅶ	Ⅷ	Ⅸ	Ⅹ	Ⅺ	Ⅻ
2006年11月12日	0.5	0.43	0.43	0.43	0.36	0.39	0.39	0.38	0.41	0.34	0.35	0.39
2005年10月8日	0.76	0.59	0.67	0.14	0.32	0.59	0.72	0.51	0.31	0.37	0.27	0.14	0.10
2004年10月21日	0.76	0.57	0.44	0.58	0.52	0.70	0.61	0.51	0.62	0.47	0.32	0.29
2004年3月27日	0.52	0.53	0.48	0.41	0.47	0.55	0.53	0.53	0.51	0.48	0.47	0.43

续上表

影像\分区	I	II	III	IV	V	VI	VII	VIII	IX	X	XI	XII
2002年11月9日	0.37	0.3	0.24	0.27	0.3	0.37	0.35	0.33	0.37	0.32	0.33	0.31
2000年10月2日	0.47	0.35	0.39	0.17	0.26	0.49	0.42	0.27	0.39	0.26	0.22	0.18
1994年8月23日	0.59	0.23	1.18	0.19	0.21	0.54	0.40	0.22	0.38	0.12	0.08	0.03
1994年4月1日	0.51	0.56	1.15	0.44	0.53	0.54	0.54	0.56	0.54	0.51	0.54	0.49
1993年9月21日	0.29	0.20	0.39	0.20	0.15	0.27	0.19	0.14	0.16	0.11	0.12	0.09
2005年7月20日	0.32	0.24	0.31	0.18	0.27	0.35	0.32	0.31	0.43	0.30	0.21	0.086
2001年9月27日	1.23	1.26	1.50	0.89	0.94	1.59	1.46	1.13	1.46	1.14	0.78	0.47
2001年5月30日	0.51	0.27	0.23	0.33	0.3	0.51	0.34	0.26	0.22	0.15	0.17	0.08
2000年9月8日	0.36	0.15	0.20	0.22	0.20	0.39	0.42	0.30	0.37	0.20	0.09	0.05
1991年4月25日	0.78	0.65	0.88	0.52	0.56	0.73	0.69	0.55	0.63	0.62	0.48	0.30
均值	0.57	0.45	0.61	0.36	0.39	0.58	0.51	0.41	0.49	0.38	0.31	0.24

注：影像潮情和风况条件见表5-1。

辽东湾北部海域的悬浮泥沙一般在双台子河口附近形成舌状分布的"浑水带"。其外围一般不超过7m等深线水深，而在风浪较大时，"浑水带"的范围明显扩大，外界（0.1kg/m³悬沙等值线）可扩展到10m等深线以深海域，边界大致与岸线平行。横向上，悬沙浓度一般在近岸和浅滩附近较高，离岸越远，浓度越低；纵向上，双台子河口的表层悬沙浓度一般高于大辽河口，河口最大浑浊带的范围远大于大辽河口最大浑浊带的范围。悬沙浓度的高值区一般在双台子河口入海口的两侧浅滩附近，而蛤蜊岗子滩西侧悬沙浓度通常高于东侧。从12个子区悬沙浓度的统计结果来看，近岸浅滩及河口拦门沙附近的悬沙浓度较高，一般在0.45kg/m³以上，而双台子河西侧浅滩（Ⅲ区）平均悬沙浓度更高，达0.61kg/m³，大辽河口附近除在Ⅶ区和Ⅸ的0m以浅水域的平均悬沙浓度高于0.45kg/m³外，河槽及东、西滩附近的平均含沙量均低于0.45kg/m³。总体来看，研究区平均悬浮泥沙浓度较高，且西侧高于东侧，近岸高于远海。

5.4.2 大中小潮表层悬浮泥沙空间分布与变化

从现有影像的反演结果来看，表层悬沙浓度小潮一般明显大于大潮，而中潮除部分地区小于大潮外，一般大于大潮，呈现出小潮＞中潮＞大潮的特征。这一结果主要是天气原因影响所致,大潮 1994 年 8 月 23 日天气条件较好,小潮 1991 年 4 月 25 日和 2001 年 9 月 27 日风力都高达 5 级,大风将浅滩及近岸泥沙掀起及浅海泥沙再悬浮,使得影像资料的泥沙浓度总体表现为小潮大于大潮。1994 年 8 月 23 日,大潮落潮时的影像显示,高浓度浑水带位于双台子河口入海口的拦门沙附近,其两侧浅滩(Ⅲ区、Ⅵ区)悬沙浓度比较高,表明落潮时双台子河的泥沙明显向下输送;同双台子河相比,大辽河在大潮落潮时的表层悬沙浓度只有 0.19kg/m^3,比下游拦门沙与浅滩的表层悬沙浓度还低,其泥沙向下游输送的趋势并不明显。小潮涨潮初期,如 2000 年 9 月 8 日和 1991 年 4 月 25 日影像显示,悬沙浓度高值区位于各浅滩附近,但与落潮不同的是,各近岸浅滩(Ⅲ区、Ⅵ区、Ⅶ区、Ⅸ区)的悬沙浓度差别相对较小,而在涨潮中期,如 2001 年 9 月 27 日影像显示,蛤蜊岗子滩西侧的悬沙浓度明显增大,浑水带的范围明显扩展,海域的悬沙浓度也呈总体增加趋势,大辽河拦门沙(包括西滩、东滩)也形成一个小的浑水带,该浑水带与营口滩近岸悬沙浓度高值区连成一片,表明在涨潮时,拦门沙附近的泥沙向上游输送,海域泥沙向双台子河输送尤为明显。

5.4.3 涨落潮表层悬沙空间分布与变化

涨落潮由于流速及潮位不同,悬沙浓度空间分布一般具有明显差别。涨潮时,研究区海域的含沙量明显比落潮时大(表 5-11),而在 5~10m 深水区,落潮平均含沙量为 0.26kg/m^3,涨潮平均含沙量为 0.20kg/m^3,落潮平均悬浮泥沙浓度反而比涨潮时略高,说明落潮时泥沙扩散范围比涨潮时大,落潮流将泥沙带往深水区。双台子河口的高浓度"浑水带"随涨落潮在拦门沙(蛤蜊岗子滩)附近移动,涨潮时,向上移动,落潮时,向下移动。而大辽河的最大浑浊带发育不佳,随涨落潮的变化并不明显,影响范围也相对较小。在两河口拦门沙之间(西滩与蛤蜊岗子滩之间)的水道常形成相对清水区,如 1994 年 8 月 23 日影像、2000 年 9 月 8 日影像以及 2005 年 10 月 8 日影像。

各影像涨落潮和不同风况下的平均悬沙浓度分区统计表(单位:kg/m^3)　　表 5-11

类别＼分区	Ⅰ	Ⅱ	Ⅲ	Ⅳ	Ⅴ	Ⅵ	Ⅶ	Ⅷ	Ⅸ	Ⅹ	Ⅺ	Ⅻ
落潮平均	0.53	0.42	0.60	0.31	0.35	0.51	0.44	0.36	0.42	0.32	0.29	0.26
涨潮平均	0.64	0.51	0.63	0.43	0.45	0.71	0.65	0.50	0.62	0.49	0.35	0.20
大风天平均	0.62	0.57	0.68	0.47	0.49	0.65	0.61	0.54	0.62	0.53	0.44	0.35
小风天平均	0.50	0.30	0.51	0.21	0.24	0.49	0.38	0.24	0.32	0.19	0.14	0.09
总体平均	0.57	0.45	0.61	0.36	0.39	0.58	0.51	0.41	0.49	0.38	0.31	0.24

5.4.4 风浪对悬浮泥沙空间分布的影响

该海区以风浪为主,风是海区波浪产生的主要动力。影像当天的风况依据营口气象站的资料,由于考虑到陆地风速一般比海上风速偏小,该处以5级风力为界,分为大风天(包括5级风力)和小风天两类(传统6级以上为大风天)。发现不同风况条件下海区表层悬浮泥沙空间分布特征有较大差别(表5-11)。小风天时,双台子河口拦门沙(Ⅱ区)和大辽河口拦门沙(Ⅴ区)附近的平均悬沙浓度分别为0.30kg/m³和0.24kg/m³,大风天时,分别为0.57kg/m³和0.49kg/m³,大风天时河口拦门沙附近的表层悬沙浓度显著增大。不仅如此,大风天时,双台子河的高浓度浑水带明显向外扩散,2~5m、5~10m等深线区域(Ⅺ区和Ⅻ区)的悬沙浓度分别高达0.44kg/m³和0.35kg/m³,小风天时,分别为0.14kg/m³和0.09kg/m³。除向外海扩散外,大风天时,蛤蜊岗子滩附近的浑水带也向两侧扩展,东侧常与西滩、东滩附近的高浓度悬水区连成一片,西侧与双台子河西侧浅滩相接,而在小风天时,蛤蜊岗子滩西侧的浑水带与西滩、东滩近岸的高浓度悬浮泥沙的分布是相互分离的,西滩与蛤蜊岗子滩之间水道的悬沙浓度一般低于0.1kg/m³,形成相对清水区。另外,不同天气条件下各区域悬沙浓度变化幅度有较大差别,Ⅺ区、Ⅻ区和Ⅹ区的变化幅度最大,表明风况对这三区的悬沙浓度总体水平的影响最大;Ⅲ区的悬沙浓度变化最小,悬沙浓度一般在较高的水平。

风向对于悬浮泥沙的扩散范围和悬浮泥沙高值区出现的位置有明显影响。在偏S向风落潮时,浑水带的扩散范围比风力相近条件下其他风向时的悬浮泥沙扩散范围要远。而在E、W向风时,浑水带以蛤蜊岗子滩为中心在相应方向上移动。同时,在涨潮盛行N向风和落潮盛行S向风时,易在大凌河与双台子河之间的浅滩形成悬浮泥沙浓度高值区,高值区的泥沙浓度级别明显高于其他地方,如1994年8月23日影像。

5.5 泥沙来源及输移分析

5.5.1 泥沙来源

辽东湾顶端在河口海岸带附近,且目前在建工程较多,泥沙来源主要有径流携带流域的泥沙入海,在波流的作用下边滩、沙洲及浅海的细颗粒物质反复搬运,随沿岸流进入湾顶的泥沙,以及在建工程如围海造地吹填时向海域排放的细颗粒物质等。

(1) 河流来沙

在 1980—2009 年的近 30 年间,小凌河、大凌河、双台子河、大辽河四大河流年均输入辽东湾海域的泥沙约 1500 万 t,而自小凌河口至大辽河口岸线长约 84km,潮间带岸滩广阔,海域面积较大,相对而言,河流来沙并非很多。

(2) 边滩、沙洲及浅滩的细颗粒物质反复搬运

辽东湾北部的沙洲及边滩面积较大,主要由河流入海泥沙堆积而成,海床沉积物主要为砂质粉砂、粘土质粉砂和粉砂质粘土,有大量的细颗粒物质,这些物质在波浪、潮流作用下反复搬运,是短期内泥沙的主要来源,尤其是盘锦荣兴港区位于两大河口之间,且受蛤蜊岗子滩与东西滩所夹,这些海域泥沙将是造成港区和航道淤积的主要沙源。

(3) 沿岸流携带的外海泥沙

辽东湾东、北、西三面为陆,盘锦荣兴港区位于辽东湾顶端,外海来沙主要是随沿岸流进入湾顶的泥沙。其东侧的入海河流较少,边滩相对较窄,海床坡度较大,且在西崴子向鲅鱼圈近岸岸线已经开发完毕,沙源相对有限,沿岸流挟沙不多,西面大凌河与小凌河入海泥沙较多,边滩较为广阔,但其进入湾顶的泥沙也主要以浅滩泥沙的再次搬运为主。

(4) 在建工程向海排放的细颗粒物质

近年来,辽东湾附近海域正在进行快速的滩涂开发,围海造地工程向海域排放的泥沙较多,短期内构成海域重要的泥沙来源,但影响的时间较短。

因此,辽东湾北部海域的沙源主要是以边滩、沙洲及浅海的细颗粒物质反复搬运的海向来沙为主,河流来沙等其他沙源相对较少。

5.5.2 泥沙运移趋势分析

河口地区的泥沙运动较为复杂,一方面,径流携带了流域的泥沙向河口汇聚,另一方面,波浪将浅滩和浅海海域的泥沙掀起,而潮流将其搬运到河口河段,除搬运到远海和沉降落淤外,这些泥沙在口门附近随潮流做周而复始的往复运动,并且有些较细颗粒的泥沙随水流不停地做悬浮沉降再悬浮再沉降的周期性运动。

辽东湾海区的河流较多,双台子河口的泥沙运动较为活跃,常自蛤蜊岗子滩东侧起向西形成一个面积较大的浑水带,浑水带的外边界随潮段及风况变化,一般情况下,落潮时浑水带面积大于涨潮,大风时浑水带南侧边界向外移动,$0.1kg/m^3$ 悬浮泥沙等值线最远可以到达 10m 等深线以深的海域。浑水带反映了悬浮泥沙瞬时的分布状态。涨潮时,浑水带携带的泥沙向河槽输送,落潮时浑水带的泥沙向外海

扩散。浑水带的西侧边界常到达双台子河口与大凌河口之间的边滩,而该边滩也常是辽东湾北部海域悬浮泥沙浓度最高的地方,可能是因为该岸滩坡度平缓,底质较细,泥沙较易掀起,同时在具备合适的水流和风况条件下,风浪掀沙非常明显。

同双台子河相比,大辽河口的最大浑浊带要小得多,从2001年5月30日的影像可以看出,大辽河口最大浑浊带一般在西滩、东滩等近岸浅滩附近。涨潮时,该浑浊带泥沙向大辽河口输送,而落潮时,浑浊带泥沙沿近岸向南运动。

总体来看,风浪较小时,蛤蜊岗子滩东侧水域的悬浮泥沙在涨潮流的作用下向边滩、大辽河口及双台子河口输送;风浪较大时,浅滩被掀起的泥沙在落潮流作用下向外海输送。

5.6 小　　结

(1)蛤蜊岗子滩东侧海域水体含沙量受风浪影响较大,小风天含沙量较低,形成相对清水区,且在落潮时高浓度含沙水体偏向蛤蜊岗子滩的西侧水域,表明一般条件下,双台子河口下泄的泥沙可能对蛤蜊岗子滩的东侧水道影响较小;大风天该海域含沙量浓度明显增大,在海域常风向SSW和SW风时,蛤蜊岗子滩及西侧的泥沙向东运移的趋势明显。

(2)根据多张遥感影像反演的表层含沙量平均统计发现,涨潮时,浅水海域的含沙量比落潮时大,深水区落潮平均含沙量明显高于涨潮,落潮悬沙向深水区扩散。

(3)在小风天时(小潮和大潮),海域水体的各层含沙量相对比较均匀,蛤蜊岗子滩东侧海域的总体输沙方向是向近岸及河口方向,而在大风过后,海域水体有临底高浓度含沙现象,风浪稍大的中潮单宽输沙方向总体上也表现为向外海输送。

(4)目前,辽东湾北部海域的沙源主要是以边滩、沙洲及浅海的细颗粒物质反复搬运的海向来沙为主,河流来沙等其他沙源相对较少。

第6章 基于多源遥感及海图数据的岸滩地形重建及演变分析

河流入海泥沙减少及三角洲响应是一个全球性的环境问题,也是地球表层科学研究的热点之一。近几十年来,流域筑坝和调水等人类活动导致许多河流入海水沙减少,使三角洲前缘岸滩淤涨缓慢或发生侵蚀。例如,尼罗河三角洲、我国的黄河和滦河等三角洲均出现了类似情况。辽河是我国七大江河之一,近50年来,由于流域闸坝建设、气候变化等原因,入海水沙急剧减少。同时,自大辽河呈独立水系及双台子河口建闸以来,辽河口附近水沙和海岸带动力环境发生了较大变化,已引起辽河口下游河段平面河势和河床发生了较大变化,其三角洲前缘岸滩也势必会发生相应调整。

鉴于在盘锦荣兴港开发建设前,辽河口附近海岸工程较少,缺少连续的高精度测图资料。本章主要以多时相遥感数据为基础,采用遥感水边线技术重建典型潮滩历史地形,研究不同时段近20年来的冲淤空间变化。同时,本章以时间跨度较长的两幅历史海图及2008年实测地形,分析研究辽河口三角洲前缘岸滩近50年来的演变特征。在此基础上,结合辽河口近50年来的水沙变化特点,探讨入海泥沙减少背景下河口前缘岸滩的响应模式。研究成果对于正确认识和把握新环境下的辽河口岸滩演变趋势、近岸工程建设和滩涂资源开发等具有重要意义。

6.1 研究资料和方法

遥感水边线是遥感影像上水陆的边界线,它反映了某时刻水陆的瞬时状态,通常认为它与成像时刻水陆的交接线近似,并假定水陆的交接线为一条等高程线,其高程值一般由附近验潮站的潮位资料确定,在缺少实测资料时,采用验潮站的预报潮位值代替。遥感水边线方法是近年来研究潮滩动态变化的一种常用方法,一般选择潮情(潮高)相近的影像水边线,根据水边线的变动来分析潮滩的水平冲淤速率。当有多组时间相近的遥感水边线时,可以通过数字高程模型技术建立潮滩数字高程地形(DEM,Digital Elevation Model),获取潮滩的近似地形。对不同时期的潮滩DEM进行叠加分析,很容易获得潮滩在某一时段内的冲淤空间分布情况。

第6章 基于多源遥感及海图数据的岸滩地形重建及演变分析

本书选择了对水陆边界描绘较好的 TM、ETM、Spot 等 25 个时相的卫星遥感数据，时间自 1979 年到 2010 年，跨度为 30 余年。另外，除 2008 年 8 月辽河口附近海域详测水深资料外，还收集了 1985 年 6 月（1960 年或 1972 年测图）、2005 年 10 月（2000 年或 2003 年测图）出版的由中国人民解放军海军司令部测绘的辽东湾海区海图资料（海图号为 11510），通过高精度大幅面扫描仪及 ArcGIS 工具将海图转换成数字化海图。

在 ArcGIS 平台下对遥感影像和海图进行配准，并统一到相同坐标系统。利用 GIS 工具获得遥感影像水边线和数字化海图，对不同时期的遥感水边线、海图等深线等进行比较，获得特征要素的水平变化规律，通过潮滩地形高程模型和海区水下地形高程模型，进行冲淤定量计算与分析。

6.2 辽河口动力地貌总体格局变化

本节以低潮线为特征参数，通过分析不同时期低潮时刻河口平面形态变化、大辽河口和双台子河口拦门沙滩群形态变化来研究辽河口动力地貌总体格局变化情况。研究共采用 1979—2010 年间 7 景 Landsat 影像，分三个时段进行分析。研究数据见表 6-1。

遥感数据概况　　　　表 6-1

传感器类型		成像时间	潮位(m)（笔架山）
1979—1990 年	MSS	1979-8-6	1.05
	TM	1988-10-9	1.11
	TM	1990-10-15	0.80
1990—2008 年	TM	1990-10-15	0.80
	TM	2005-7-20	1.09
	TM	2008-9-14	0.68
2008—2010 年	TM	2008-9-14	0.68
	TM	2009-10-3	0.62
	TM	2010-10-6	0.44

6.2.1　1979—1990 年变化

(1) 双台子河口心滩及平面形态变化

由图 6-1 可见，1979—1990 年，双台子河口口门（滩 A 附近）东侧变化不大，西侧在三道沟附近西扩，最大达 400m，河槽展宽。该时段内，滩 A 逐渐向西北方向移动,1979—1990 年,滩 A 的西北部向西北方向最大偏移 1200m。1979 年,滩 A 位于口门河槽的中心位置,而随着滩体向西偏移,滩 A 的东侧水道逐渐发展为主河槽。三道沟的上游,西侧为主河道。双台子河口口门附近河槽西扩与滩体移位可能与 1986 年的辽河洪水有关,该年铁岭水文站径流量 76.19 亿 m³,是 1954 年有数据记载以来,年径流量第二大的年份,最大的年份出现在 1954 年,年径流量为 93.4 亿 m³。

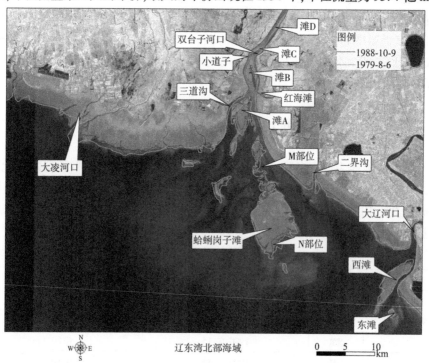

图6-1　1979年、1988年、1990年潮间带变化(底图为1990年10月15日影像)

1979—1990 年,口门心滩滩 A 在该时段内增长迅速;1988—1990 年(1979 年影像不包括滩 A 的北部),滩 B 也有明显增长。

(2)蛤蜊岗子滩及西侧滩群变化

1979—1988 年,蛤蜊岗子滩西侧中部变化不大,东侧有一定的外移,南部(滩体 N 部位)有较大蚀退。1988—1990 年,蛤蜊岗子滩的西侧中部有一定程度的蚀退,东侧总体变化不大,南部淤积。1979—1990 年,滩体东侧、西侧与南侧总体变化缓慢,滩体稳定。

(3)大辽河口西滩、东滩变化

1979—1988 年,西滩的南北两端明显蚀退,东侧、西侧变化不大。1988—1990 年,西滩的南北两侧有一定程度的淤涨,东侧、西侧总体变化不大。1979—1990

年,西滩总体呈现南移趋势,北侧蚀退,南侧淤积,东、西南侧变化不大。

1979—1988 年,东滩向东北方向移动;1988—1990 年,东滩无明显变化。

6.2.2 1990—2008 年变化

(1)双台子河口心滩及平面形态变化

由图 6-2 可见,1990—2005 年,双台子河口口门平面上有较大变化,其中小道子西侧的河道有明显淤积,河道突然缩窄,形成卡口段,低潮位时河槽约 600m。小道子下游河道明显西扩,向西北方向移动多达 1000m,河道展宽,随着河道西扩,滩体 B 也明显向西移动,最大西移 1200m,滩 A 向西北方向最大移动 860m,随着河道西扩、滩体西移,小道子附近河道(滩 B、滩 C)的主河道从西汊变为东汊。小道子上游的滩 D 附近,西汊仍为主河道。红海滩附近河岸明显淤积。

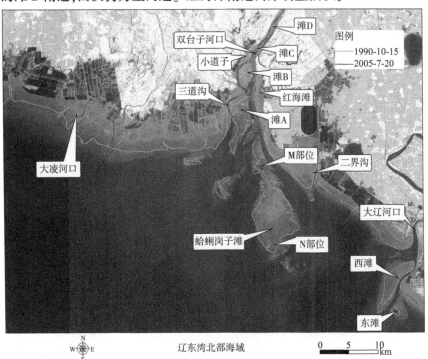

图 6-2　1990 年、2005 年、2008 年潮间带变化(底图为 2008 年 9 月 14 日影像)

2005—2008 年,小道子附近卡口段,西侧淤积,东侧蚀退,其余岸线总体变化不大。滩 C 南部明显淤积,滩 A、滩 B 总体变化不大,小道子下游左侧汊道内的滩体均有不同程度的增长现象。

该时段内,最重要的变化是 1990—2005 年小道子附近的河道西扩,滩体西移,主河道从西汊变为东汊。这可能与该阶段内的几场洪水有关。1994 年六间房水文站年径流量为 76.10 亿 m^3,1995 年为 62.44m^3,1998 年为 64.88 亿 m^3,这是 1987 年六间房有水文数据以来,最大的三场洪水。

(2)蛤蜊岗子滩及右侧滩群变化

1990—2008 年,蛤蜊岗子滩的西侧略有蚀退,东侧略有淤积,尤其在东北部(M 部位)和中高滩的南部(N 部位)淤积明显。滩体南部出露的高滩向东移动,面积增大。

蛤蜊岗子滩西侧的两大滩体均呈现北移东偏态势,面积有所增加。

(3)大辽河口西滩、东滩变化

1990—2008 年,西滩呈现淤积态势,西北侧滩头及东南侧滩头尤为明显。东滩面积有一定程度的增加。

6.2.3　2008—2010 年变化

从 2008 年 9 月 14 日、2009 年 10 月 3 日、2010 年 10 月 6 日三景低潮时刻的影像来看(图 6-3),盘锦荣兴港区开发建设的两年来,辽河口前缘岸滩的自然岸线、双台子河口口门心滩、蛤蜊岗子滩、西滩和东滩等均变化不大。

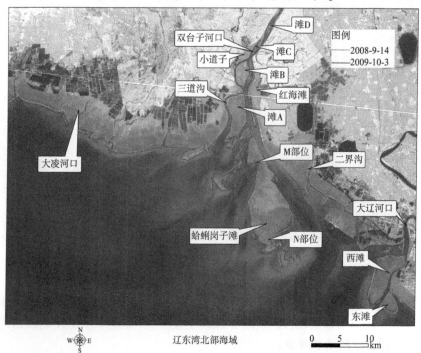

图 6-3　2008 年、2009 年、2010 年潮间带变化(底图为 2010 年 10 月 6 日影像)

6.3 河口前缘岸滩的冲淤变化

6.3.1 河口拦门沙浅滩冲淤变化

辽河三角洲的河口拦门沙主要分布在辽东湾顶端的双台子河口和大辽河口附近,最具代表性的为蛤蜊岗子滩和西滩,它们形成年代较早,且相对稳定,并与海岸呈高角度展布。蛤蜊岗子滩在双台子河形成后,增长较为迅速。而在辽河流域来沙减少和在双台子河口建闸后,入海水沙急剧减少,泥沙补给不足,滩体西侧和南侧快速蚀退,而东侧外移,呈现"北移东偏"的态势,1960(或1972)—1990年(图6-4),西南侧最大后退达2400m,1990—2008年间[图6-5b)],西侧稍有后退,南侧略有外移,但出现了明显破碎现象,滩体南部出现深槽,最大水深达15m,滩体面积减小。自1958年六间房截流、辽河干流不再从大辽河入海后,随着入海水沙的减少,西滩总体呈现侵蚀后退态势,尤其是位于SSW浪向的迎浪面持续侵蚀后退。1960—2000(或2003)年,最大后退850m,2000(或2003)—2008年,

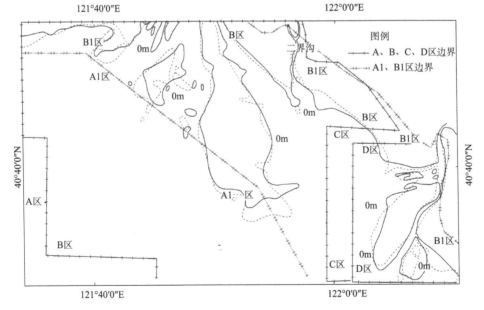

图6-4 辽河口附近浅滩变化对比图

注:实线测图时间:A区1973年、1972年,B区1990年、1989年,C区1995—1999年,D区2003年、2000年;
虚线测图时间:A1区1972年,B1区1960年

最大后退960m,而背浪面的东侧逐渐外移,北侧在两个时段内都呈蚀退态势,大辽河口西水道逐渐发展。两个时段内,西滩面积均呈减小趋势(表6-2)。大辽河口东导堤附近的东滩与西滩的变化不同,1960—2000(或2003)年,东滩面积快速增长,近来趋于稳定,但向东发展。2008年实测水深资料显示,东滩的东侧已经与营口近岸浅滩相接,在营口近岸浅滩向外移动的情况下,东滩有并岸的可能。

西、东滩面积变化表　　　　　　　　　　　　表6-2

测图年代	西滩面积(km²)	东滩面积(km²)
1960(或1972)年	38.01	5.02
2000(或2003)年	34.15	10.04
2008年8月	30.4	10.12

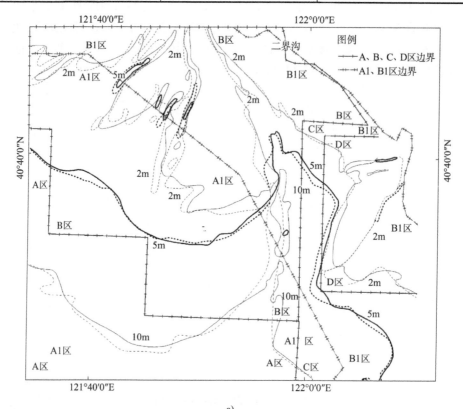

a)

图 6-5

第6章 基于多源遥感及海图数据的岸滩地形重建及演变分析

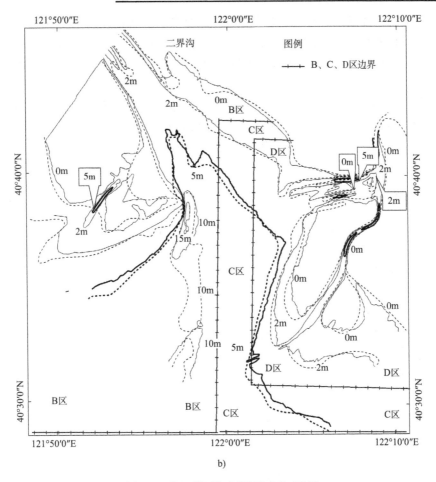

b)

图6-5 辽河口附近海床等深线变化对比图

注:图a)实线和图b)虚线测图时间:A区1973年、1972年,B区1990年、1989年,C区1995—1999年,D区2003年、2000年;图a)虚线测图时间:A1区1972年,B1区1960年;图b)实线测图时间:2008年8月

除蛤蜊岗子滩外,双台子河口附近还存在其他较多的小型沙洲,主要分布在蛤蜊岗子滩西侧和双台子河口内。比较1960—1990年的水深图,发现蛤蜊岗子滩西侧的沙洲均呈现"北移东偏"的特征。而近年来,根据多张低潮影像资料比较,出露的沙洲高滩位置仍存在"北移东偏"的趋势,拦门沙沙洲逐渐向河口口内发展。

6.3.2 海床冲淤变化

不同时段内,大辽河口附近海域2m、5m等深线主要表现为向岸蚀退态势,深水区范围扩大,尤其是西滩滩外坡蚀退较多,西水道侵蚀也较为严重。2008年水深图显示,西滩东、西侧的2m等深线已经贯通。蛤蜊岗子滩与西滩之间的5m等深线附近是双台子河口和大辽河口涨落潮的分离点和汇合点,水动力条件较强,此处是海床冲淤变化较为显著的地段。10m等深线也呈现东偏趋势,但总体淤积。蛤蜊岗子滩西侧滩槽交错,等深线变化较为复杂,但总体上表现为近岸和蛤蜊岗子滩附近的2m等深线侵蚀后退,而在营口和盘锦的潮间带浅滩周围及海域浅滩的背浪面略有淤积。总体来看,辽河口水下三角洲海床冲刷和淤积幅度不大,处于微冲状态。

6.3.3 潮间带岸坡的稳定性

1960—1990年(图6-4),双台子河口东侧至二界沟间的0m线侵蚀后退,平均后退216m,二界沟往西水道方向的0m线淤长,最大超过1800m,平均为624m,大辽河口西侧的0m线后退,最大超过1200m。营口靠近东水道附近的0m线快速向外淤长,而在东滩附近0m线有较大后退,最大达1420m,往东0m线变化较小,总体稳定。近20年来[图6-5b)],随着流域来水来沙的持续减少,双台子河口与大辽河口间的浅滩除二界沟潮道两侧侵蚀后退外,其余0m线仍在向海淤进,0m线变得更加圆顺。

根据遥感影像监测结果,近20年来,辽河口三角洲的潮滩总体上表现为淤积态势,而高潮滩的增长速度要快于中低潮滩,尤其是双台子河往西的潮滩淤涨速度较快,其次是双台子河与大辽河间的潮滩,而营口附近的潮滩变化相对较小。通过遥感影像监测也发现,双台子河口西侧的中低潮滩及大辽河口西侧的中低潮滩存在部分蚀退现象,水边线数字高程模型技术的计算结果也显示,近年来,双台子河与大辽河间的中低潮滩存在弱冲刷现象。潮滩的剖面形态逐渐变陡。总体来看,随着流域来沙减少及近岸工程建设,潮间带淤涨将变缓,部分地段甚至会出现侵蚀,但潮间带岸滩变化的幅度不大,总体趋于稳定。

6.4 基于多源数据的典型潮滩地形重建及演变分析

6.4.1 水边线提取及水边线高程点的获得

本节根据遥感影像的成像时间及成像时的潮情特点,结合岸滩在一定时期内变化缓慢的特点,从搜集的卫星遥感数据中选择18景,将其影像分成时间相近的3组(1993年组、2001年组和2005年组),见表6-3。每组时间间隔较近,可以认为反映的是这一时期潮滩的近似地形。为更好地描绘潮滩地形,每组影像水边线尽量均匀分布在低潮滩至高潮滩之间。

遥感数据概况　　　　　　　表6-3

	传感器类型	成像时间	潮位(m)(笔架山)
	TM	1991-4-25　9:57	0.96
	TM	1993-5-25　9:51	1.94
1993年组	TM	1993-9-21　9:57	3.77
	TM	1994-4-1　9:55	2.50
	TM	1994-8-23　9:52	1.88
	TM	2000-9-8　10:13	2.54
	ETM	2000-10-2　10:25	2.83
	ETM	2001-5-30　10:24	2.49
2001年组	ETM	2001-8-11　10:17	3.22
	ETM	2001-9-3　10:23	1.23
	TM	2001-9-27　10:14	2.32
	ETM	2002-11-9　10:22	3.18
	TM	2004-3-27　10:14	2.29
	TM	2004-10-21　10:19	3.73
2005年组	TM	2005-7-20　10:22	1.09
	TM	2005-10-8　10:22	3.03
	TM	2006-11-12　10:30	3.31
	Spot-2	2007-7-19　11:00	2.28

对遥感影像进行几何精校正,校正后的误差控制在0.5个像元。然后根据遥感影像水陆边界附近的颜色、纹理和走向等特征信息,勾绘出遥感水边线。在计算影像成像时刻的瞬时潮位时,采用二次多项式对影像成像时刻前后共5h的正点潮位数据进行拟合,二次多项式为 $y = ax^2 + bx + c$,其中 a、b、c 为待定系数,x 为时间变量(自1开始),y 为潮位。通过多项式拟合的结果能够较好地体现潮位的变化特点,比采用线性插值更好。在求出影像成像时刻的瞬时潮位后,将该潮位赋值给对应的水边线,也就近似得到了潮滩的高程线。在ArcGIS平台下用Divide工具将连续的高程线平均分割成高程线段,然后用Feature to Point工具将水边线线段转化为水边线高程点。

6.4.2 蛤蜊岗子滩历史地形重建及冲淤分析

通过水边线的方式难以获得潮滩0m线边界,鉴于海图深度基准面与潮汐基准面一致,故可以采用同期海图 0m 线近似作为潮滩地形的 0m 线边界。蛤蜊岗子滩 1993 年组和 2001 年组近似地形分别采用 1990 年(海图号 11510,2005 年出版)和 2000 年(海图号 11519,2005 年出版)该海区的水深图 0m 线边界,2005 年组近似地形采用的是 2008 年该海域的实测水深资料的 0m 线边界,同样将高程值赋到点。忽略每组内潮滩地形的变化,构建 3 个时期的潮滩 DEM(图 6-6)。

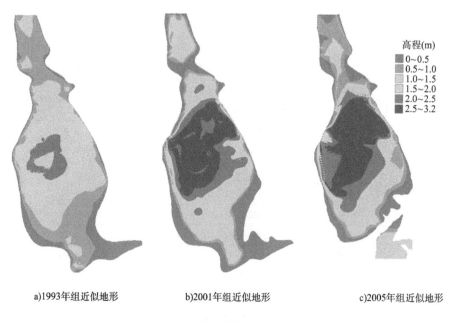

a) 1993 年组近似地形   b) 2001 年组近似地形   c) 2005 年组近似地形

图 6-6　蛤蜊岗子滩近似地形

根据重建的蛤蜊岗子滩 1993 年组、2001 年组和 2005 年组历史地形,可得到不同时段蛤蜊岗子滩的冲淤空间变化分布(图 6-7),并以冲刷和淤积两类显示。由图可见,1993—2001 年组,蛤蜊岗子滩周边以冲刷为主,而在潮滩中部高程比较高的地方,以淤积为主;2001—2005 年组,淤积的范围变小,冲刷逐步变大,尤其是蛤蜊岗子滩鸟嘴状沙体已被冲开;1993—2005 年组的总体变化情况是,冲刷主要位于低滩位置,高滩位置主要以淤积为主,0m 线周围主要呈现西侧侵蚀、东侧淤积态势。

6.4.3　盘锦滩历史地形重建及冲淤分析

盘锦滩重建历史地形的遥感数据、海图 0m 线边界以及重建方法与蛤蜊岗子滩相同,由此得到 3 个时期的潮滩 DEM(图 6-8)。由于受成像时潮位的限制,3m 以上部分的水边线较少,影响重建地形精度,为使各组 DEM 有可比性,同时考虑到近岸潮滩受人类活动影响较大,因此,不同时间的比较仅采用潮间带 0~3.0m 之间的 DEM。

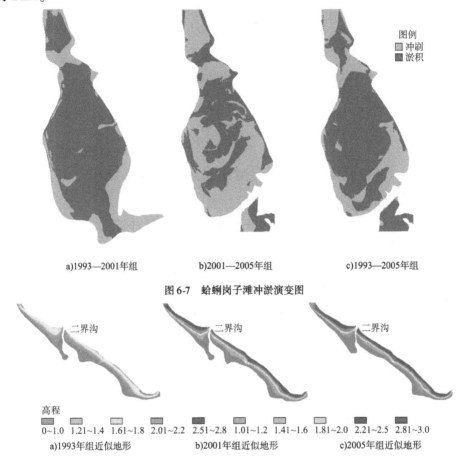

图 6-7　蛤蜊岗子滩冲淤演变图

图 6-8　盘锦滩近似地形

根据重建的盘锦滩 1993 年组、2001 年组和 2005 年组历史地形,可得到不同时段盘锦滩的冲淤空间变化分布(图 6-9),并以冲刷和淤积两类显示。由图可见,1993—2001 年组,盘锦滩的大部分都在淤积,冲刷主要位于二界沟潮滩的两侧及大辽河入海口盘锦滩一侧沙嘴处;2001—2005 年组,冲刷范围逐步扩大,盘锦滩靠近大辽河入海口及二界沟的西侧冲刷较多,二界沟东侧淤积。总体来看,1993—2005 年组,盘锦滩的中高潮滩是淤积的,中低潮滩有部分冲刷,冲刷比较严重的主要位于二界沟潮道的 0m 线附近,以及大辽河入海口的沙嘴附近。从整个过程来看,前期以淤积为主,后期侵蚀有扩大的趋势。

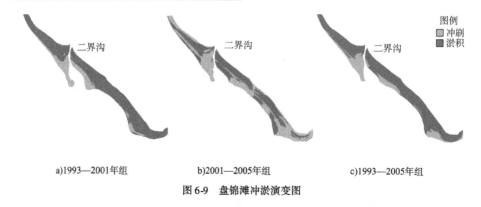

a) 1993—2001年组　　　　b) 2001—2005年组　　　　c) 1993—2005年组

图 6-9　盘锦滩冲淤演变图

6.4.4　水边线技术应用于潮滩冲淤分析的可靠性分析

(1) 水边线提取的精度和水平冲淤分析的可靠性

由于滩面表层的高含水量、潮滩底质、近岸水体的高含沙量及遥感光谱分辨率限制等原因，影像水边线与水陆实际交接线存在随机误差。另外，多光谱影像的不同波段所反映的影像水边线也有差异。受潮滩地形和潮位的详测资料不足限制，水边线精度的评价常依据少数断面资料进行，反映并不全面。此处以 2008 年 8 月盘锦滩详测地形数据对提取的水边线进行验证，主要关注影像水边线对地形的描绘能力。经研究发现，Landsat TM1~TM7 各波段对于该处的淤泥质潮滩水体边界的描绘均不理想。而利用目视解译方法从 5、4、2 合成彩色影像上提取的水边线与地形等高线大致平行，相同潮情下水边线的偏移大致相同。因此，在潮情相似、有较长时间足够引起潮滩地形变化时，利用水边线技术进行潮滩水平冲淤变化分析具有较高的可信度。

在具体分析的时候，潮情对水边线的解译结果具有一定影响，影响大时会引起误判，尤其是在地形比较平缓的地段，常造成判断错误。为降低这种影响，需要结合当时的潮情，当潮位相近时，如果落潮时刻水边线比涨潮时刻水边线更偏向海域，说明该处潮滩蚀退的可能性更大；同时，可通过验证不同潮高下水边线的分布情况，来提高判断的准确性。

(2) 数字高程模型的精度及空间冲淤分析的可靠性

高程模型的精度是潮滩地形反演和冲淤空间分析的基础。此处利用 2008 年 8 月盘锦滩详测水深与 2005 年组遥感水边线反演的高程地形进行差值运算来评价高程模型的精度。

如图 6-10 所示，遥感反演地形与实测地形之间的差值主要集中在 -0.9~$0.8\mathrm{m}$ 之间，平均差值为 $-0.16\mathrm{m}$，标准方差为 $0.40\mathrm{m}$。其中，差值在 $\pm 0.2\mathrm{m}$ 之间的区域占总面积的 37.8%，差值在 $\pm 0.4\mathrm{m}$ 之间的区域占总面积的 60.4%，差值在 $\pm 0.6\mathrm{m}$ 之间

的区域占总面积的81.1%,差值在-0.9~0.8m之间的区域占总面积的97.9%。在区域的边界、水边线间隔较大的地方以及坡度较陡的部位反演地形与实测地形间的差值较大。误差产生的原因主要有水边线高程点的准确性、水边线获取时段与实测地形这段时间内潮滩地形的冲淤变化,以及插值方式等。为减小误差,提高反演的现实性,尽量采用时间相近、风浪较小时的影像,水边线要尽可能均匀分布在低潮滩至高潮滩之间的区域。

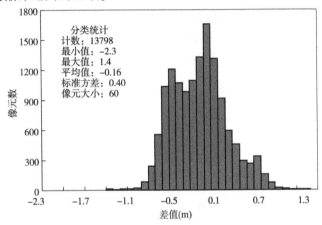

图6-10 遥感反演地形与实测地形间的差值统计

在采用的遥感影像类型不变的条件下,利用遥感水边线方法进行潮间带空间冲淤变化分析的精度主要取决于提取的遥感水边线精度、海图0m线的精度、遥感水边线的疏密和分布情况,以及潮滩数字高程模型的精度等因素。受资料和技术条件的限制,不同时段潮滩空间冲淤变化分析的可靠性验证较为困难,需要结合周围的动力地貌环境及历史演变情况进行综合判断,从而对分析结果的可靠性进行间接论证。

蛤蜊岗子滩与盘锦滩位于辽河口的河口区域,潮滩演变与流域入海水沙变化关系密切,从辽河口来水来沙情况来看,近年来入海水沙持续减少,这与蛤蜊岗子滩、盘锦滩近年来由淤积向冲刷发展的规律基本一致,一定程度上反映了河口潮滩对流域水沙减少的一种响应,与该海域海床由冲淤基本平衡向冲刷发展的总体趋势基本一致,表明了采用遥感水边线方法进行潮滩冲淤分析是相对可靠的。

6.5 辽河口前缘岸滩冲淤动力机制及演变模式

6.5.1 流域来水来沙变化

从流域来水来沙情况来看(表6-4、表6-5),近年来,由于人类活动的影响,辽河入海水沙明显减少,尤其是沙量减少幅度更大。如辽河铁岭水文站,1954—1979 年,年均径流量为 37.55 亿 m³,年均输沙量为 2194.23 万 t,多年平均含沙量为 5.84kg/m³;2000—2009 年,年均径流量为 12.15 亿 m³,比 1954—1979 年减少 67.6%,年均输沙量为 37.06 万 t,比 1954—1979 年减少 98.3%,多年平均含沙量为 0.30kg/m³,比 1954—1979 年减少 94.8%。大辽河的邢家窝棚、唐马寨两站具有同样的变化趋势。此外,从 2000—2009 年双台子河铁岭水文站与大辽河唐马寨水文站、邢家窝堡水文站的入海沙量来看,辽河的入海沙量维持在一个较低的水平,且并无明显的特大来沙年。

1954—2009 年辽河铁岭水文站水文泥沙情况　　　　表 6-4

阶段时间	径流量(亿 m³/a)			输沙量(万 t/a)		
	平均	最大	最小	平均	最大	最小
1954—1979 年	37.55	93.40	14.76	2194.23	8550	238.10
1980—1989 年	28.95	76.19	4.97	897.62	2380.95	190.48
1990—1999 年	34.12	61.90	18.57	1288.10	2619.05	309.52
2000—2009 年	12.15	32.33	3.61	37.06	144	6.58

1980—2009 年大辽河水文泥沙情况(邢家窝棚+唐马寨)　　表 6-5

阶段时间	径流量(亿 m³/a)			输沙量(万 t/a)		
	平均	最大	最小	平均	最大	最小
1980—1989 年	123.44	334.62	38.85	44.98	107.73	16.13
1990—1999 年	57.15	218.97	9.91	43.77	122.06	19.24
2000—2009 年	30.77	84.93	10.62	31.21	68.62	17.70

由于河流入海水沙减少,处于辽河入海口的河口前缘地段淤积缓慢,近年来甚至有所冲刷,这与河流入海水沙的变化趋势基本是一致的。

6.5.2　风浪、潮流对岸滩演变的影响

风、波浪、潮流、河口径流等是河口泥沙起动、输移、沉降的主要动力条件,是影响海床形态变化的主要控制性因子。该海区位于渤海辽东湾顶端,一般风浪作用不大,蛤蜊岗子滩东南角深槽附近实测波浪资料表明,该海区以 0.5m 波高的风浪为主,涌浪较少。此外,一般天气条件下,大辽河口附近的潮流平均流速在 0.5m/s以下,水动力条件相对较弱,使得该区的滩槽变化缓慢,不同时段海床的形态变化

差异较小,岸滩比较稳定。但在不同部位,由于水动力条件和地形的差别,冲淤有不同特点,2m、5m等深线附近,由于受到波浪扰动,底部泥沙容易被掀起而受到冲刷,而近岸浅滩(陆域浅滩),由于涨落潮流的不对称,使得涨潮流携带的泥沙在潮滩上落淤,一般表现为淤涨。

总的来看,辽东湾拦门沙浅滩表现为"北移东偏"的趋势,西侧和南侧一般有不同程度的蚀退现象。这与海区的 SSW 向的常浪向方向有关,在波浪力的作用下,由于缺少足够的泥沙补给,迎浪面受到侵蚀后退,而在背浪面形成岛影区,泥沙落淤,滩体外移。双台子河口的拦门沙浅滩向口内发展的趋势,与河口径流动力作用不足,涨潮流携带大凌河及附近浅滩的泥沙向双台子河口河槽运动有关。

6.5.3 人类活动对岸滩演变的影响

人类活动对辽河口三角洲前缘岸滩演变的影响主要表现在 4 个方面:①通过修建海岸工程如海堤使海岸线向海推进,这在一定时期内直接改变了岸滩的演变过程;②通过疏浚吹填、围海造地工程大量在海域挖方取土,加速了海域滩槽泥沙交换;③修建导流堤改变水动力环境,从而改变了泥沙的输移过程来影响岸滩的冲淤演变,例如,在营口东导流堤修建后的一段时间内,由于南侧涨潮流运动受阻,泥沙在此沉降落淤,东滩增长迅速;④人类在流域修建大量水利工程,如水库、大坝、水闸等拦截了大量入海水沙,使得河口区的泥沙补给减少,从而影响了岸滩的演变趋势。近年来,辽东湾沿海地区围海工程兴起,大量取海域疏浚土进行陆域吹填,在流域泥沙补给不足的情况下,必将加剧滩槽泥沙交换,海域总体冲刷形式势必将维持一段较长的时间。

6.5.4 河口前缘岸滩演变模式

由于径潮流输沙、滩槽泥沙交换及泥沙的沉降和再悬浮等原因,河口对流域来水来沙变化的响应过程较为复杂,并且不同河口河段的响应可能不同。本书研究范围主要位于口外海滨段,是流域入海泥沙的重要归宿。而近年来,流域由于气候变化、水利工程建设、采砂等原因,大量泥沙在水库和河道淤积,而向下游呈减小趋势。同时,自 1968 年双台子河口建闸以来,河流动力条件减弱,潮流相对增强,涨潮流携带的泥沙在河口河槽沿程落淤,使得闸下河床抬升较快。而闸内,由于在非汛期和小水年的汛期都关闸蓄水,拦截了大量上游径流携带的泥沙,闸上淤积也较为明显,闸上最大淤积深度超过 10m,闸下也达到 7m。河流泥沙和潮流泥沙都大量在河口河槽内落淤,河床高程抬高,河床主槽断面普遍加大,河床的宽深比加大,并且有外延的趋势。

辽河三角洲的大辽河、大凌河等河流上游也兴建了大量水库，入海水沙也大量减少，使得海域泥沙的总补给量不足。同时由于枯水期，辽河口泥沙向河口河槽净输移、泥沙在近岸浅滩沉积以及向深海运动，使得近50年来，辽河三角洲前缘岸滩总体增长缓慢，并略有侵蚀。另外，在大辽河成为独立水系后，入海泥沙减少80%，口门拦门沙增长缓慢甚至侵蚀，尤其是大辽河口浅滩群外侧的2m等深线大幅后退及西滩的侵蚀，在某种程度上即是对大辽河入海水沙减少的一种响应。虽然在较短时段内，河口三角洲前缘岸滩对于流域来水来沙的响应不同，例如1978—1983年，蛤蜊岗子滩呈现向东南偏移趋势，1958—1978年5m等深线向海有较大幅度迁移。但总的来看，在辽河改道自双台子河入海和双台子河口建闸、新的河流动力环境形成后，在流域来水来沙减少和改革开放沿海近岸工程大量兴起的背景下，辽河口三角洲前缘岸滩呈现总体冲刷的态势，这与双台子河口河槽的淤积情况不同，三角洲前缘岸滩比河口河槽对流域来沙减少的响应更为敏感。

受辽河入海水沙减少影响，辽河口2~5m的浅海海床总体上呈现冲刷态势，河口拦门沙(西滩和蛤蜊岗子滩)呈现冲刷缩小态势，近岸浅滩因涨潮流携带的泥沙在近岸落淤仍有所淤积。辽河口前缘岸滩在河流入海水沙大幅减少时，与岸邻近的陆域浅滩和河口拦门沙的海域浅滩呈现不同的演变态势。

6.6 辽河口岸滩稳定性分析

6.6.1 岸滩演变趋势

在流域来水来沙继续减少的背景下，该海域总体的演变趋势仍会以冲刷为主，但受盘锦荣兴港区开发建设的影响，附近海域的冲淤演变空间分布将会发生一定变化。工程使得盘锦滩近岸向海推进，港区由于水深增加，流速减小，附近2m、5m等深线可能会由侵蚀后退变为淤积。西水道附近由于流速及波高增加，侵蚀可能会有所加强，尤其是西滩北侧的侵蚀可能会加快。西滩在大辽河泥沙补给不足的背景下，受SSW向强浪向作用，其西侧迎浪面仍会侵蚀后退，由于迎浪面的泥沙被部分搬运到东侧背浪面，大辽河东水道仍将呈现一定的淤积态势。东滩离工程区较远，且有东导流堤及西滩的掩护，所受影响较小，从目前演变趋势来看，未来有与营口边滩并岸的可能。

由于盘锦荣兴港岸线向海推进，蛤蜊岗子滩东侧主流通道有所缩窄，工程后附近涨落潮潮流有所增大。受双台子河水沙减少和工程后水动力增强的双重影响,主流通道的冲刷趋势暂时不会改变。蛤蜊岗子滩的冲淤在很大程度上取决于双台子河的来沙量以及盘锦荣兴港工程对海域水动力的综合影响,在流域来沙继续减少、工程后涨落潮流增强的情况下,蛤蜊岗子滩滩体可能会进一步侵蚀,但其冲淤部位将会发生一定变化。由于蛤蜊岗子滩滩面主要以砂等粗颗粒物质组成,其冲淤变形应比较缓慢,滩体相对稳定。

6.6.2 试挖槽回淤分析

2007年11月21日—2008年11月19日,为配合盘锦港5万吨级航道工程建设,了解盘锦港区附近海域泥沙的回淤状况,在5万吨级航道位置试验段进行了试挖,试挖坑长200m(顺航道轴线方向),宽60m,边坡1:5,所处位置水深4m左右,试挖坑位置如图6-11所示。

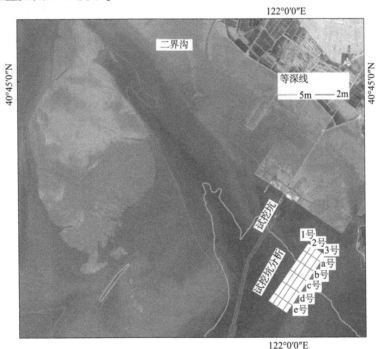

图6-11 试挖坑位置示意图

试挖坑浚后水深11m左右,浚深后分别于2007年11月21日、2008年3月22日、2008年5月6日、2008年11月19日进行了4次地形检测,各次地形检测均对部分滩地(两侧宽度均约40m)进行了测量。从各测次的地形变化情况可以看出

(表6-6、图6-12、图6-13),试挖坑回淤有如下特点:

试挖槽前后地形监测统计(单位:m)　　　　　表6-6

时段	淤积部位			备注
	包括边坡 200m×120m	不包括边坡 200m×60m	两侧滩地 200×40m	
2007年11月21日— 2008年3月22日	0.11	0.25	-0.14	两天风力达6级,且持续时间不长
2008年3月23日— 2008年5月6日	-0.08	0.05	-0.04	三次6级风过程;5级风频率和持续时间较长
2008年5月7日— 2008年11月19日	0.73	1.02	0.08	没有观测到6级及以上风,北侧围堤正在施工,基床抛石,含沙量明显增加

注:此表来源于参考文献29,表中原始水深4.0m,浚后水深11.0m,表中正值为淤积,负值为冲刷。

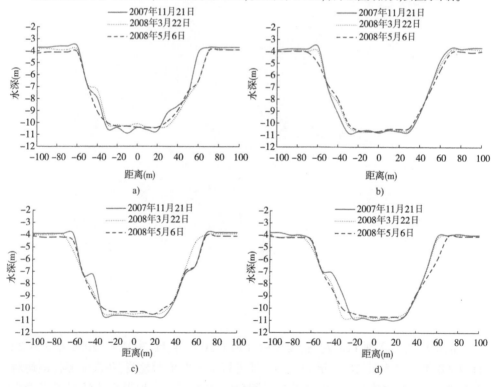

图 6-12

第6章 基于多源遥感及海图数据的岸滩地形重建及演变分析

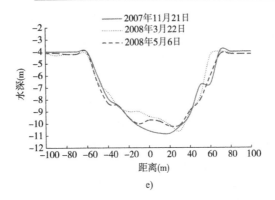

e)

图6-12 2007年11月21日—2008年5月6日试挖坑横断面地形变化

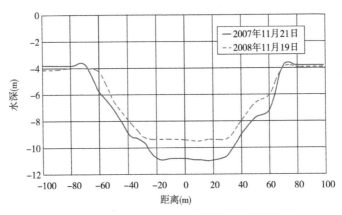

a) 2007年11月21日—2008年11月19日试挖坑横断面e地形比较

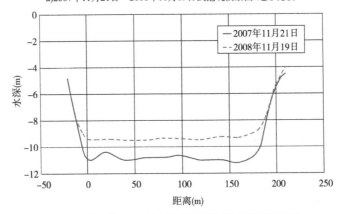

b) 2007年11月21日—2008年11月19日试挖坑3号纵剖面地形变化

图6-13 2007年11月21日—2008年11月19日挖坑地形变形

(1)各观测时段内,试挖坑均有不同程度的淤积现象,试挖坑两侧边坡出现部分塌坡现象,两侧滩地略有冲刷,试挖坑试验一年期间平均回淤厚度约为1.3m。其中,2007年11月21日—2008年3月22日,坑内平均回淤厚度为0.25m,试挖坑内淤积相对均匀,两侧滩地略有冲刷,同时由于浚深的试挖坑边坡不光滑,出现了部分塌坡现象;2008年3月22日—2008年5月6日,试挖坑内淤积分布不均匀,中间段平均淤积厚度为0.10m左右,南北两端有所冲刷。2008年5月7日—2008年11月19日,坑内平均淤积厚度为1.0m左右,两侧滩地略有淤积。试挖坑前5个月(2007年11月21日—2008年5月6日)的回淤量可代表该海区自然状况下的淤积,后7个月(2008年5月7日—2008年11月19日)受北侧围堤施工影响,试挖坑的回淤强度比正常情况下偏大。

(2)通过对试挖坑内外的沉积物底质粒径分析,坑内底质粒径明显小于试挖坑的取样点,坑内表层1m的新淤积土,中值粒径均小于0.01mm,而1~1.2m的取样土层中值粒径均大于0.01mm,与试挖坑外的底质粒径基本相当。这就说明,试挖坑内的淤积主要是由于悬沙淤积形成的。

(3)从试挖坑试验期间风况情况来看,试验期间出现6级以上大风31天,7级以上大风5天,分别小于同期20年年平均6级以上大风天数49天和7级以上大风天数8天;且统计分析成果表明,试验期间年大风风能和约为20年统计平均年风能和的0.72倍。此外,鉴于该试挖槽的宽度仅为60m,远小于港池和进港航道的实际宽度,泥沙沉降概率也较试挖槽大,因此,试挖坑的常年回淤厚度应略大于此实测值。

6.7 小　　结

(1)根据近30年来的遥感影像分析,双台子河口口门附近的河道主要经历了三大变化:①岸线(低潮线)的西扩;②河道主流的摆动;③口门心滩的淤积扩大及移位。其变化的第一阶段发生在1979—1990年,第二阶段发生在1991—2001年,岸线(低潮线)的西扩、口门心滩的移位造成河道主流的摆动可能与双台子河口的洪水有关;心滩的淤积扩大,可能与双台子河口建闸后,大、小凌河的泥沙及海域泥沙随涨潮流向河道输移有关。

(2)近50年来,在流域来沙减少、近岸工程建设大量向海域取土及波浪、潮流等海洋动力因素的共同作用下,辽河三角洲的拦门沙浅滩(海域浅滩)迎浪面普遍侵蚀后退,双台子河口拦门沙向口内发展,海域2m、5m等深线附近海床总体呈弱冲刷态势,近岸潮间带浅滩(陆域浅滩)淤涨变缓,部分地段甚至会出现侵蚀。辽河口三角洲前缘岸滩比河口河槽对于流域来水来沙减少的响应更为敏感。

(3)为弥补实测地形数据的不足,采用遥感水边线方法还原了近20年来蛤蜊岗子滩、盘锦滩不同时段的潮滩地形,并研究了潮滩的冲淤空间分布,结果表明:蛤蜊岗子滩、盘锦滩呈现前期淤积为主,后期冲刷扩大,滩面总体淤积的特征,这与辽河口入海水沙持续减少背景下,该海域海床由冲淤基本平衡向冲刷发展的总体趋势基本一致。

(4)受辽河入海水沙减少影响,辽河口2~5m的浅海海床总体上呈现冲刷态势,河口拦门沙(西滩和蛤蜊岗子滩)呈现冲刷缩小态势,近岸浅滩因涨潮流携带的泥沙在近岸落淤仍有所淤积。辽河口前缘岸滩在河流入海水沙大幅减少时,与岸邻近的陆域浅滩和河口拦门沙的海域浅滩呈现不同的演变态势。

第7章 海冰分布及运移特征分析

冰凌是我国北方港口需要特殊考虑的问题之一,严重冰情不仅影响航道通过能力和港口作业时间,冰冻、冰融、冰胀作用还对建筑物有较大破坏作用。辽东湾处于渤海北部,是我国纬度最高的海区,冬季气温较低,低温加上渤海半封闭的海湾性质,使得该海区的海冰表现为出现时间长、覆盖度广、流动性强的特点,对海上船舶航行及生产作业等具有较大安全隐患,因此海冰是高纬度结冰区沿海港口选址及海上工程建设无法回避的环境条件。

早期的海冰监测主要通过设立沿岸观测站、雷达站和海上观测平台进行观测。随着航空航天技术的发展,目前已逐渐形成包括岸站、飞机、船舶和雷达等在内的多手段海冰立体观测网络,为预防和减轻严重冰情灾害发挥了重要作用。尤其是遥感技术的发展,为大面积、同步、动态地进行海冰监测提供了可能,利用遥感技术不仅可以获得海区的冰缘线,冰密集度等冰情信息,还能利用高时间分辨率的影像资料,动态监测初冰期海冰的生长及终冰期海冰的消融等动态变化特征信息,为近岸海洋资源开发及海冰灾害的预防提供了重要资料。

7.1 数据和方法

海水结冰是水体的一种凝固现象,与气温的关系密切。在气温比水温低时,水中的热量向外散失,当水温降到冰点以下时,海水开始结冰;在气温回升时,水体吸热水温升高,海冰逐渐消融。一般年份,辽东湾自每年11月中旬开始结冰,到翌年月中旬终冰,冰期大概持续三个月,其中1月中旬至2月底为盛冰期。

本书根据营口气象站近20年1—2月的月平均温度数据(图7-1),并结合当年Landsat影像资料情况,确定了重冰年和常冰年两个典型冰年,在此基础上,从初冰期开始收集当年的影像资料(表7-1),分析典型冰年的海冰过程及分布特征。此外,本书根据相关现场调查和试验成果,对辽东湾海冰的成因及危害进行探讨。

第7章 海冰分布及运移特征分析

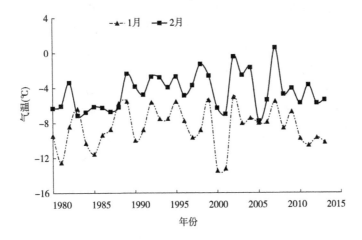

图 7-1 1988—2008 年营口气象站 1、2 月的月平均气温

海冰监测的影像资料情况　　　　　　表 7-1

冰年	类别	冰　　期	传感器类型	成　像　时　间
重冰年		初冰期(生长期)	ETM	2000 年 12 月 5 日
		初冰期(生长期)	TM	2000 年 12 月 13 日
		盛冰期	ETM	2001 年 2 月 7 日
		终冰期(消融期)	TM	2001 年 3 月 3 日
常冰年		初冰期(生长期)	ETM	2002 年 12 月 11 日
		初冰期(生长期)	ETM	2003 年 1 月 12 日
		盛冰期	TM	2003 年 2 月 5 日
		终冰期(消融期)	ETM	2003 年 2 月 13 日

7.2 典型冰年海冰过程及分布特征分析

7.2.1 辽东湾海冰分布的一般特征

海冰的生长受温度、盐度、潮流、地形等多种因素的影响,分布具有明显的地区

差异。就辽东湾海域而言,每年的11月中旬至12月中旬,自高纬度的双台子河口和大辽河口河段开始冰封,向下游河口逐渐延伸;近岸和浅滩附近由于水动力条件较弱,冰块不易被潮流带走而在原地生长固结,固定冰出现得较早;而在水深较深的水域,由于潮流的往复运动,海冰多以流冰出现,固定冰出现的时间较晚。一般年份,自每年的12月初开始,辽东湾北部河口河段及浅滩附近才开始出现一定数量的海冰,此时海冰分布的范围有限、面积较小、厚度较薄。随着冬季强冷空气的活跃,气温骤降,辽东湾海域的海冰迅速增长,1月中旬辽东湾北部离岸20km范围内全部冰封,而到2月中上旬盛冰期时,差不多覆盖了影像东北部五分之四的水域(图7-2、图7-3);自2月中下旬开始,随着气温回升,海冰开始消融,自西南-东北向逐渐消退,到3月初时海冰仅存在于北部海域和近岸部分地区。总体来看,海冰的生长自河口近岸和浅滩开始向外海延伸,呈东北-西南走向,消融与此相反;在空间分布上,北部海冰的密集度大于南部,东部大于西部。

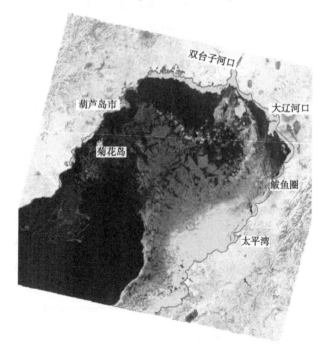

图7-2　2003年2月5日(冰年盛冰期)

7.2.2　常冰年海冰的分布及运移特征分析

如图7-4～图7-7所示,由常冰年2002年12月至2003年2月的四景Landsat

第7章 海冰分布及运移特征分析

卫星影像解译图可见,2002年12月11日,辽东湾北部海域普遍成冰封状态,但在空间分布上具有明显差别,蛤蜊岗子滩西部海冰外缘线一般在5m等深线附近,东部在10m等深线附近,而蛤蜊岗子滩南部海冰外缘线到达12m等深线附近,外形上呈现扇形状;南部的海冰仅分布在近岸附近,且呈现东部近岸海冰多于西部近岸。2003年1月12日,辽东湾北部海冰明显平整化,冰缘线进一步向外扩展,东半边扩展至12m等深线附近,而西半边增加不多,另外影像显示东岸海冰迅速向外生长,鲅鱼圈近岸海冰外缘线离岸20km左右,而西岸仅在各海湾处增长较快。2003年2月5日,辽东湾海冰外缘线的最北部已经到达菊花岛南部的22m等深线附近,东部和北部全部冰封,与2003年2月13日的影像比较发现,辽东湾海冰此时已经到达了盛冰期,东部海冰的平整度明显比西部高,且东部海冰离岸扩展范围比西部远,显示出东部冰情比西部更加严重。2003年2月13日的影像显示,辽东湾海冰正在沿西南-东北方向快速消退,最北缘已经到达13m等深线附近,并且西侧海冰消融明显,东侧海冰的外缘线向近岸附近移动,在鲅鱼圈附近平整冰离岸24km,外侧还有约30km宽的海冰消融带。

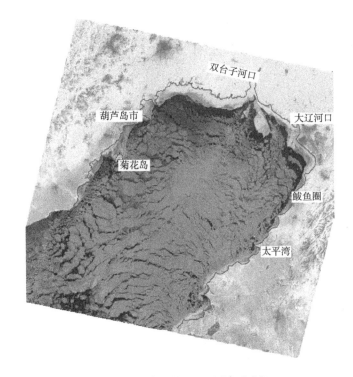

图7-3 2001年2月7日(重冰年盛冰期)

盘锦港动力地貌特征与建港自然条件研究

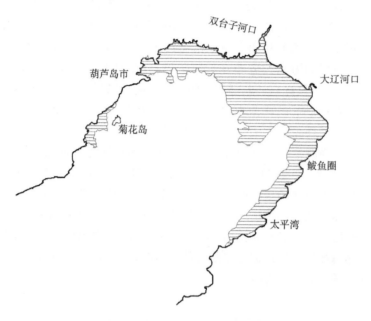

图 7-4　2002 年 12 月 11 日海冰分布图

图 7-5　2003 年 1 月 12 日海冰分布图

第7章 海冰分布及运移特征分析

图 7-6　2003 年 2 月 5 日海冰分布图

图 7-7　2003 年 2 月 13 日海冰分布图

7.2.3 重冰年海冰的分布及运移特征分析

如图7-8～图7-11所示,2000年12月初至2001年3月初的卫星影像解译图清晰地显示了重冰年海冰的生长、消融过程。2000年12月5日,辽东湾北部的大辽河口和双台子河口的河段开始冰封,近岸和浅滩附近出现碎冰,但固结得较少,多以流冰出现。西岸海冰尚在葫芦岛以北,东岸最远到达鲅鱼圈。2000年12月13日,浅滩冰雪堆积区的碎冰开始固结,近岸海冰的外缘线开始向外移动,但近岸浅滩的海冰多出现在2m等深线以浅的水域,深水区海冰较少,工程区域除蛤蜊岗子滩附近和东西滩及近岸有结冰现象外,双台子河口的主流通道及西水道尚无冰冻现象。辽东湾东、西岸海冰的南部界线及离岸扩展范围变化不大。2001年2月7日,影像所在的渤海湾全部冰封,海冰的平整度较高,且东部高于西部,在双台子河口、大辽河口的北部沿岸,海冰有破碎现象,形成不连续的破碎区,可能是潮汐的顶托作用所致。2001年3月3日,渤海湾的海冰处于终冰期,在蛤蜊岗子滩西侧有一大型流冰体,而东部部分沿岸存在流冰,固定冰较少。

图7-8　2000年12月5日海冰分布图

7.2.4 海冰的厚度特征

根据以往调查资料,轻冰年,辽东湾海区在盛冰期的结冰范围仅限于盖平角至葫芦岛一线以北海区,辽东湾冰厚为6～15cm,最大30cm;正常年盛冰期时,辽东湾冰厚北部一般为20~40cm,最大约为60cm,南部多为10~30cm,最大40cm;重冰年盛冰期时,渤海结冰范围占整个渤海海面的70%,除渤海中部外,其余海域完全被海冰覆盖。辽东湾的盛冰期一般为60天左右,冰厚40~60cm,最厚可达90cm以上。

图7-9　2000年12月13日海冰分布图

图7-10　2001年2月7日海冰分布图

图 7-11　2001 年 3 月 3 日海冰分布图

7.3　海冰现场调查及物理特性

根据已有文献研究成果及交通运输部天津水运工程科学研究院 2009 年 1 月在盘锦船舶工业基地二期工程施工现场调查情况，对工程区海冰的特性有以下初步认识。

7.3.1　流冰运动

辽东湾流冰运动主要呈现以下特点：

（1）受顺岸流的控制，流冰平行海岸运动。只有强劲的向岸风，才能改变流冰向岸方向的运动。向岸运动的流冰必须具有足够的动能才能在已有堆积冰边缘爬坡和断裂。此外，这些流冰的爬坡能力不仅是边缘爬坡和断裂，潮位的贡献也不可忽略：在低潮和平潮期间，流冰不足以爬升到近乎直立的约 2m 高的堆积体，只有在高潮位，甚至在大潮高潮位时，流冰首先被抬升到接近先前形成近岸搁浅冰或者堆积冰表面高度，这时流冰自身拥有的动能才可能促使流冰爬坡、堆积。所以，流冰形成堆积冰的条件是具备合适的风速风向、潮位时间和冰屈曲破坏的厚度。

（2）流冰运动速度和密集度虽然受到风速风向影响，但其与潮位却存在联系。以 2006 年 2 月 12 日为例，无论是高潮位还是低潮位的转潮期，潮流流速接近零时,流冰速度也接近零;平潮期间流冰速度随潮流速度增加而增加到上限。涨潮或者落潮,决定了流冰运动方向的更替。无论是从涨潮到落潮,还是从落潮到涨潮,转潮期间的潮流流速接近零,流冰密集度最大;在平潮期间潮流速度最大,流冰密集度最低。

(3)堆积冰是一大面积流冰块在高潮位时爬坡、破碎、堆积的结果,所以现场观测到的同一次发生的堆积冰,其单层冰块厚度、冰的颜色几乎相同。高潮位时,潮流速度低,所以流冰的堆积离不开风的作用。而平潮期间的高密集度流冰块,因所处位置离已有搁浅冰或堆积冰的表面位置相差较大,故不容易发生堆积。监测时段内,没有发生明显的爬坡堆积,只在堆积区边缘断面外形成小规模的破碎堆积。

7.3.2 堆积冰宽度和高度

对2005年12月31日笔架岭采油平台发生的海冰越过防浪墙现象的调查研究显示,海冰堆积的最大高度距高潮线约6.0m,高出防浪墙约3.0m,经测量堆积冰破碎块体的冰块平均厚度为33m,爬坡段的角度为23.6°。为量化堆积高度起伏情况,在水平方向上采用轮廓线在平均高度处的切角进行描述,调查区海冰表面轮廓剖面在平均高度处的切角主要集中在3°~9°的范围内。

根据2006年2月辽东湾近岸堆积冰现场观测结果,辽东湾堆积冰堆积高度绝大部分小于2.0m,最大堆积高度为2.8m;平均起伏切角为22°,最大切角为63°,最小切角为2°。自2006年1月31日至2月3日,堆积冰边缘线向外海发展,离岸平均距离从800m增大到1140m,但受潮流运动的影响,堆积冰的最大外缘线不超过零米等水深线。从2006年2月3日至2月11日,堆积冰边缘线开始向内收缩,离岸距离从1140m减小到1030m,进入融冰期。

7.3.3 近岸海冰工程设计特征参数

根据李志军等对近30余年渤海海冰的分布、生消规律的调查研究和近10年来海冰物理和力学性质、海冰工程设计参数等应用研究成果资料,辽东湾大辽河口附近营口海区海冰的主要时空分布特征参数、不同重现期平整冰厚度、物理特征参数、力学特征参数等见表7-2。

营口近岸海冰工程设计特征参数　　　　表7-2

正常冰年特征值	初冰日	终冰日	冰量(t)	密集度(%)	堆积高度(m)
	23/11	24/3	7.0	62	4.8

续上表

不同重现期冰厚	10年(cm)	25年(cm)	50年(cm)	100年(cm)	
	28	34	40	45	
物理特征参数	平均设计冰温	极低设计冰温	平均盐度	平均密度	冻结温度
	−2.9	−5.1	7.55	880	−1.4
力学性质指标	重现期(a)	抗压强度(MPa)	弯曲强度(kPa)	剪切强度(kPa)	弹性模量(GPa)
	15/50/100	2.47/2.55/2.58	532.6/552.6/560.3	1.24/1.28/1.29	2.42/2.56/2.61

注：表中参数由参考文献35整理而来。

7.4 海冰的危害性分析

海冰可以分为流冰与固定冰两种类型，辽东湾固定冰一般位于近岸和浅滩附近，其分布范围较小，宽度一般只有几公里，严重时，北部河口，浅滩也不过10km（图7-12、图7-13）。流冰一般能随风和流在湾内漂移，对海上船舶的航行及海上建筑物造成危害。辽东湾的海冰主要属于流冰，但在盛冰期时，湾内大部分的流冰集聚在一起，重新冻结，厚度增加，并且平整度较高。终冰期时，海冰消融不均，部分未消融的海冰随潮流漂移，海面漂浮的残留冰体较多，这类冰体的移动性较强，但由于消融时海冰的密实度降低，危害性有所减小。

图7-12　2003年2月5日（常冰年盛冰期）

第7章 海冰分布及运移特征分析

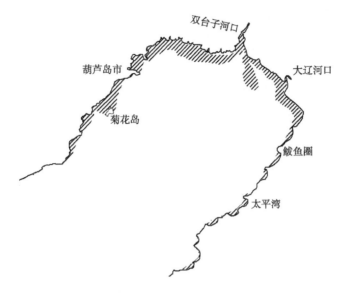

图7-13 2001年2月7日(重冰年盛冰期)

辽东湾海冰的冰清一般表现为东侧重于西侧,这与辽东湾东北-西南走向的往复式半日潮流特点有关,在涨潮流作用下,流冰多向东北侧近岸运动,并在东侧聚集,而西侧的海冰受涨潮流的影响,不易聚集。

我国是海冰灾害多发的国家,平均每10年左右即出现一个严重的重冰年,例如1936年、1947年、1957年、1969年、1977年。尤其是1969年2—3月渤海特大冰封,整个渤海几乎全部封冻,造成航运中断、轮船损毁、石油平台倒塌,经济损失重大。海冰对港口及船舶航行的危害主要有两方面:①流冰聚集在航道内,阻塞航道或是对船舶的航行造成威胁;②流冰对港口建筑物的冻融、挤压、磨损作用,使建筑物受到破坏。

根据2009年1月在盘锦船舶工业基地二期工程施工现场实地调查(图7-14),海冰在近岸滩涂散乱堆积,形成较宽的固定冰堆积带,在温度转暖、海冰逐渐消融时,这些固定冰可能转化为流冰,随潮流往返运动而对海堤产生推力破坏作用。同时,由于海堤上部存在的海冰消融,海堤在一定时段内处于相对脆弱的时期,遇到汽车重载等压力作用时,可能会发生塌陷事故,在设计施工中应考虑其影响。

辽东湾海冰自河口近岸和浅滩附近开始生长,逐渐向外海扩展,一般在每年12月中旬左右开始形成一定规模,对工程海域船舶的航行等造成一定影响,在次年2月中旬左右海冰逐渐消融,工程海域可以恢复正常通航,实际影响时间一般仅为两个月左右。河口河段结冰时间较长,受影响的时间相应延长。

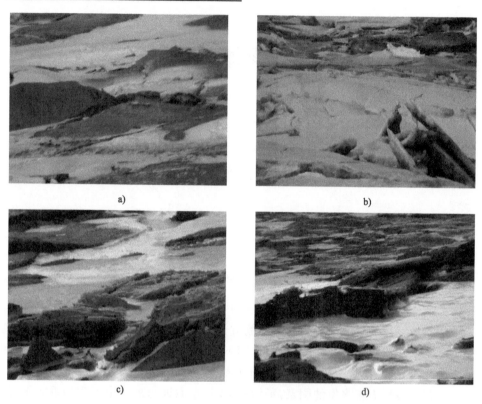

图7-14 2009年1月盘锦船舶工业基地二期工程施工现场海冰

7.5 小 结

（1）辽东湾海冰一般自北部河口开始形成，然后自近岸和浅滩开始向外海生长，自每年11月中旬开始出现，12中旬形成一定规模，到次年2月中旬到达盛冰期，然后开始消融，至3月中下旬基本消退，大概持续4个月时间。冰情在空间分布上呈现北部重于南部、东部重于西部的特征。常冰年，海冰对工程海域船舶航行的影响一般在每年12月中旬至次年2月中旬，实际影响时间一般仅为两个月左右。河口河段结冰时间较长，受影响的时间相应延长。

（2）常冰年海冰可以覆盖北部大部分海面，仅在西南部有部分海面尚未冻结，盛冰期辽东湾冰厚北部一般为20～40cm，最大约为60cm；重冰年时，辽东湾不仅完全冻结，而且整个渤海的70%都被海冰覆盖，除渤海中部外，其余海域全部结冰，盛冰期冰厚一般为40～60cm，最厚可达90cm以上。

（3）流冰产生堆积冰需要合适的风动力、冰厚度和潮位：受顺岸潮流的控制，流冰平行于海岸运动，只有强劲的向岸风，才能使流冰向岸运动；高潮时流冰位置接近已有搁浅冰或已有堆积冰的表面高度，流冰才能发生堆积。

（4）海岸流冰运动方向、速度和密集度与潮位、潮流之间有密切的联系：转潮期间的潮流流速接近零，流冰速度也相应接近零，而密集度最大；平潮期间潮流流速最大，流冰速度最大，密集度最低；涨潮和落潮时的流冰运动方向呈180°交替。

（5）受潮流运动和潮差起落影响，堆积冰最大外缘线不超过0m等水深线，调查区域内堆积高度绝大部分小于2.0m，最大堆积高度为2.8m，平均起伏切角为22°，最大切角为63°，最小切角为2°。

（6）辽东湾大辽河口附近营口海区常冰年海冰的密集度为62%，堆积高度为4.8m，10/25/50/100年重现期的冰厚分别为28/34/40/45cm，平均密度为880kg/m³，平均设计冰温为-2.9℃，极低设计冰温为-5.1℃，15/50/100年重现期的抗压强度、弯曲强度、剪切强度、弹性模量分别为2.47/2.55/2.58MPa、532.6/552.6/560.3kPa、1.24/1.28/1.29kPa、2.42/2.56/2.61GPa。

（7）辽东湾海冰对位于高纬度海区的盘锦荣兴港建设具有一定影响，尤其是在重冰年，可能会对港口建设、船舶航行等造成危害。在设计中需要考虑建筑物的抗冻性能要求，并充分考虑海冰对新建海堤的危害以及对施工的不利影响。

第8章 工程地质

地质勘察是工程建设前期的一项重要工作,主要通过查明场区工程地质状况、岩土层分布、地震等来了解场地的基本建设条件。本章主要以盘锦船舶工业基地二期工程地质勘察文件和盘锦荣兴港区25万吨级航道工程地质勘察文件对盘锦荣兴港区港口航道开发的工程地质条件进行分析。

8.1 地质构造

辽河口三角洲所处新构造背景为下辽河缓慢沉陷区中部持续沉陷亚区,第四纪以来长期处于缓慢持续沉降状态,沉积层位齐全。盘锦荣兴港所在场区第四系地层较厚(层厚500~550m),并直接覆盖于基岩剥蚀面上,其厚度受基岩面高程变化及海侵侵蚀深度控制。在大地构造上位于黄骅坳陷东北端与渤海中隆起交汇地带,经历长期复杂的构造演化,构造活动主要呈现为地壳坳陷和隆起,目前现代地壳运动相对较弱,主要表现为继承性隆起坳陷以及低频度的中强度地震活动。区内未发现活动断裂穿过,构造活动对工程建设无不良影响。

8.2 近岸岩土层分布特征

在盘锦船舶工业基地二期工程建设期间,辽宁工程勘察设计院对工程区进行了地质勘察,沿围堤堤线布置勘探孔160个,其中取土样钻孔72个,标贯钻孔73个,控制性钻孔15个。原状孔和标贯孔钻孔深度进入高程-15.0m,控制性钻孔深度达到标贯击数≥50击或进入桩基结构持力层,然后在室内进行标准贯入试验和土工试验。根据勘察成果,该区近岸地层分为五层,分别为粉砂夹粉质粘土、粉质粘土粉砂互层、粉砂夹粉质粘土、粉质粘土、粉细砂等。各地层分布特征见表8-1,各层岩土物理力学指标统计见表8-2。

第一层为①粉砂夹粉质粘土(Q_4^{mc}):灰色,饱和,松散,矿物成分以石英为主,夹粉质粘土薄层,软塑,夹层厚5~50mm,切面较光滑,局部见少量贝壳。该层普遍分布于场地表层,层厚2.80~7.20m,层底埋深2.80~7.20m,层底高程-1.60~-10.00m。

该层又分为①$_1$粉质粘土粉砂互层(Q_4^{mc})、①$_2$粉砂(Q_4^{mc})、①$_3$淤泥(Q_4^{mc})三个亚层。

近岸岩土层分布特征　　　　　　　　　　　　　　　表8-1

类　别	层厚(m)	层底埋深(m)	层底高程(m)	备　注
①粉砂夹粉质粘土	2.80~7.20	2.80~7.20	-1.60~-10.00	分布普遍
①$_1$粉质粘土粉砂互层	0.30~1.70	2.20~5.30	-2.90~-6.50	分布局限
①$_2$粉砂	3.00~6.50	3.00~6.50	-1.50~-6.95	分布局限
①$_3$淤泥	1.50	1.50	0.30~-3.00	分布于潮沟附近少数钻孔
②粉质粘土粉砂互层	1.80~9.90	2.80~8.50	-1.50~-9.30	分布普遍
②$_1$淤泥质粉质粘土粉砂互层	0.80~5.60	4.00~11.30	-3.40~-13.20	分布不连续
②$_2$粉砂夹粉质粘土	0.40~4.50	5.00~13.00	-5.30~-14.60	分布局限
②$_3$粉质粘土	0.70~1.20	11.10~11.30	-9.00~-9.20	分布局限
③粉砂夹粉质粘土	0.50~7.80	8.00~15.00	-6.10~-17.20	分布普遍
④粉质粘土	0.50~9.80	10.00~15.50	-7.10~-14.40	分布不普遍
④$_1$粉砂	1.30~3.00m	12.00~12.80	-9.50~-10.10	分布局限
⑤粉细砂	1.00~8.00	12.00~21.00	-10.10~-21.50	少数钻孔

近岸各层岩土参数一览表　　　　　　　　　　　　　表8-2

统计项目		各层岩土代号										
		①	①$_1$	①$_2$	①$_3$	②	②$_1$	②$_2$	②$_3$	③	④	④$_1$	⑤
天然含水率(%)		40.3				31.6	34.9		10.3		37.1		
天然孔隙比		1.025				0.84	1.007		1.116		0.889		
液性指数		1.48				1.12	1.29		1.01		0.95		
直剪	粘聚力(kPa)	8.6	10.2			11.5	10.8		8.9		11.6		
	内摩擦角(°)	13.1	6.9			12.7	11.9		5.2		11.2		
	粘聚力(kPa)	13.4	16.5			14.2	12.9		20.5		13.4		
	内摩擦角(°)	19.6	15.9			17.1	15.9		14.8		15		
固结系数	垂直(×10^{-4}cm/s)	67.9	15.1			38.8	20.1		14.1		34.5		
	水平(×10^{-4}cm/s)	54.9	13.8			35.5	19.1		10.4		30.8		

续上表

统计项目	①	①₁	①₂	①₃	②	②₁	②₂	②₃	③	④	④₁	⑤
压缩系数(1/MPa)/压缩模量(MPa)	4.2	4.5	(9.0)	2.5	4.74	3.89	(4.0)	3.7	(5.0)	4.21	(5.0)	(18.0)
前期固结压力(kPa)	78	59.5			92.2	82.3		110		135.5		
标贯击数(击)	4.7	3.1	9.5	0.8	2.2	0.7	6.7		7.6	5.1	6	26.7
建议容许承载力(kPa)	85	80	110	50	75	70	100	90	105	110	105	160

①₁粉质粘土粉砂互层(Q_4^{mc}):灰色,粉质粘土,软塑,无摇震反应,干强度及韧性中等,局为淤泥质粉质粘土;粉砂,饱和,松散,互层厚多在3~20mm,局部地段粉质粘土层较厚。该层分布局限,呈透镜体状分布于粉砂夹粉质粘土①层中,层厚0.30~1.70m,层底埋深2.20~5.30m,层底高程-2.90~-6.50m。

①₂粉砂(Q_4^{mc}):灰色,饱和,松散~稍密,分选较好,矿物成分以石英为主,局部夹粉质粘土薄层。该层分布局限,层厚3.00~6.50m,层底埋深3.00~6.50m,层底高程-1.50~-6.95m。

①₃淤泥(Q_4^{mc}):灰黑色,软塑~流塑,切面无光泽,无摇震反应,干强度及韧性中等。该层主要分布于潮沟附近,层厚1.50m,层底埋深1.50m,层底高程0.30~-3.00m。

第二层为②粉质粘土粉砂互层(Q_4^{mc}):灰色,粉质粘土,软塑,切面较光滑,无摇震反应,干强度及韧性中等;粉砂,饱和,松散,互层厚多在3~10mm,局部粉质粘土稍厚,局部夹淤泥质粉质粘土。该层分布普遍,揭露厚度1.80~9.90m,层顶埋深2.80~8.50m,层顶高程-1.50~-9.30m。该层又分为②₁淤泥质粉质粘土粉砂互层(Q_4^{mc})、②₂粉砂夹粉质粘土(Q_4^{mc})、②₃粉质粘土(Q_4^{mc})三个亚层。

②₁淤泥质粉质粘土粉砂互层(Q_4^{mc}):灰色、灰黑色,流塑,切面无光泽,无摇震反应,干强度及韧性低~中等;粉砂饱和,松散,互层厚度多在5~10mm。该层分布不连续,层厚0.80~5.60m,层顶埋深4.00~11.30m,层顶高程-3.40~-13.20m。

②₂粉砂夹粉质粘土(Q_4^{mc}):灰色,饱和,松散,矿物成分以石英为主,见少量云母,夹粉质粘土薄层,软塑,夹层厚5~50mm,切面较光滑。该层分布局限,呈透镜体状分布于粉质粘土粉砂互层②层中,层厚0.40~4.50m,层顶埋深5.00~13.00m,层顶高程-5.30~-14.60m。

②₃粉质粘土(Q_4^{mc}):灰色,可塑,无摇震反应,干强度及韧性中等,局部夹粉砂薄层。该层分布局限,仅少数钻孔揭露该层,层厚0.70~1.20m,层顶埋深11.10~11.30m,层顶高程-9.00~-9.20m。

第三层为③粉砂夹粉质粘土(Q_4^{mc}):灰色,饱和,稍密,局部松散,矿物成分以石英为主,见少量云母,夹粉质粘土薄层,软塑,切面较光滑,夹层厚3~50mm。该层分布较普遍,揭露厚度0.50~7.80m,层顶埋深8.00~15.00m,层顶高程-6.10~-17.20m。

第四层为④粉质粘土(Q_4^{mc}):灰色,可塑,粘性较强,切面较光滑,无摇震反应,干强度及韧性中等,局部夹粉砂薄层。该层分布不普遍,揭露厚度0.50~9.80m,层顶埋深10.00~15.50m,层顶高程-7.10~-14.40m。该层内局部分布着粉砂(Q_4^{mc})亚层。

④₁粉砂(Q_4^{mc}):灰色,饱和,松散,分选较好,矿物成分以石英为主,见少量云母,局部夹有粉质粘土薄层。该层分布局限,仅少数钻孔揭露该层,层厚1.30~3.00m,层顶埋深12.00~12.80m,层顶高程-9.50~-10.10m。

第五层为⑤粉细砂(Q_4^{mc}):灰色,饱和,稍密~中密,局部密实,分选较好,矿物成分以石英为主,局部夹有粉质粘土薄层。仅少数钻孔揭露该层,揭露厚度1.00~8.00m,层顶埋深12.00~21.00m,层顶高程-10.10~-21.50m。

8.3 航道位置土层分布

在2011年盘锦荣兴港区25万吨级航道工程工程可行性研究期间,中交天津港航勘察设计研究院有限公司对25万吨级航道沿线进行了地质勘察,共布设220个钻孔。据钻探揭示,场地岩土层主要有第四系海相沉积层(Q_4^m)、第四系冲洪积层(Q_4^{al+pl})。各地层分布特征见表8-3,各层岩土物理力学指标统计见表8-4~表8-9。

航道沿线岩土层分布特征 表8-3

类　别	层厚(m)	层底高程(m)	备　注
①淤泥	0.30~4.10	-9.81~-23.00	近岸层厚较大
①₁淤泥质粉质粘土	0.50~4.60	-11.00~-17.40	
②粉土	0.80~5.70	12.30~-25.00	分布广泛
②₁粉质粘土	0.80~7.70	-13.50~-21.00	

续上表

类 别	层厚(m)	层底高程(m)	备 注
③粉砂			深海处未揭穿,最大揭露厚度8.90m
③₁粉土	0.80～4.20	-17.30～-23.70	

第一层为①淤泥:灰色,流塑状态,土质不均,有粉砂夹层,在接近鲅鱼圈处有"铁板砂"表层,局部含贝壳碎屑,稍具腥臭味。分布在整个场区。层厚0.30～4.10m,层底高程-9.81～-23.00m。该层在近岸层厚较大,远海一般层厚小于1m。

①₁淤泥质粉质粘土:灰色,流塑状态,土质不均,含砂粒和贝壳碎屑,局部夹粉砂薄层,稍具腥臭味。呈透镜体状分布于①淤泥层下部。层厚0.50～4.60m,层底高程-11.00～-17.40m。

第二层为②粉土:灰色,中密～密实,湿～很湿。土质不均,夹粉质粘土及粉砂薄层,局部地段为粉砂。无光泽,摇震反应迅速,韧性低,干强度低。在整个航道范围均有分布,层厚0.80～5.70m,层底高程-12.30～-25.00m。

②₁粉质粘土:灰色～灰黑色,软塑～可塑状态,土质不均,夹粉土薄层。稍有光滑,无摇震反应,韧性中等,干强度中等。呈透镜体状分布于②粉土之间,层厚0.80～7.70m,层底高程-13.50～-21.00m。

第三层为③粉砂:灰色～灰黄色,饱和,中密～密实。砂质不纯,夹粉土薄层,局部为粉砂。成分以石英、长石为主。除航道远端因勘察深度原因未揭露该层外,均有分布,该层未揭穿,最大揭露厚度8.90m。

③₁粉土:灰黄色,中密～密实,湿～很湿。土质不均,夹粉质粘土薄层。无光泽,摇震反应迅速,韧性低,干强度低。呈透镜体状分布于③细砂之上,层厚0.80～4.20m,层底高程-17.30～-23.70m。

淤泥①物理力学性质指标　　　　　　　　　　　表8-4

岩土名称		淤泥						
统计项目		统计个数	最大值	最小值	平均值	变异系数	推荐值	标准值
天然含水率(%)	w	43	78.4	45.7	61.7	0.132	61.7	63.8
重度(kN/m³)	γ	63	20.1	15	16.9	0.064	16.9	16.6
饱和度(%)	S_r	62	100	67.5	98	0.053	98	99.1
土粒比重	G_s	64	2.76	2.69	2.73	0.005	2.73	2.73
天然孔隙比	e	35	1.985	1.507	1.689	0.085	1.689	1.731

续上表

岩土名称			淤泥					
统计项目			统计个数	最大值	最小值	平均值	变异系数	推荐值	标准值
液限(%)		w_L	59	58.9	29.7	40.1	0.129	40.1	39
塑限(%)		w_p	63	34.2	15.5	24.2	0.126	24.2	23.6
液性指数		I_L	44	2.7	1.55	2.18	0.141	2.18	2.26
塑性指数		I_P	48	16.8	10.1	14.4	0.14	14.4	13.9
直剪	粘聚力(kPa)	C_q	9	6.4	3.8	5.2	0.184	5.2	4.6
	内摩擦角(°)	φ_q	10	5.1	2.8	3.4	0.217	3.4	3
	粘聚力(kPa)	C_c	4	8.5	6.1	7.6		7.6	
	内摩擦角(°)	φ_c	4	10.6	2.5	7.7		7.7	
压缩系数(1/MPa)		$\alpha_{0.1-0.2}$	49	1.98	0.67	1.282	0.275	1.282	1.369
压缩模量(MPa)		$E_{s0.1-0.2}$	46	3.47	1.64	2.24	0.238	2.24	2.1
标贯击数(击/30cm)		N	93	3	0	0.7	1.043	0.7	0.6

淤泥质粉质粘土①₁物理力学性质指标　　　　表8-5

岩土名称			淤泥质粉质粘土					
统计项目			统计个数	最大值	最小值	平均值	变异系数	推荐值	标准值
天然含水率(%)		w	11	49.9	36.4	42	0.118	42	44.7
重度(kN/m³)		γ	17	20.4	16.2	18.1	0.056	18.1	17.7
饱和度(%)		S_r	17	100	92.7	98.4	0.027	98.4	99.5
土粒比重		G_s	17	2.74	2.68	2.71	0.005	2.71	2.71
天然孔隙比		e	11	1.45	1.023	1.172	0.122	1.172	1.251
液限(%)		w_L	13	41.8	30.5	35.5	0.097	35.5	33.7
塑限(%)		w_p	14	25.5	19.3	22	0.085	22	21.2
液性指数		I_L	6	1.26	1.01	1.14	0.097	1.14	1.23
塑性指数		I_P	14	15	10.1	12.6	0.134	12.6	11.7
直剪	粘聚力(kPa)	C_q	5	6.7	4	5.6		5.6	
	内摩擦角(°)	φ_q	5	11.1	2.9	6.1		6.1	
	粘聚力(kPa)	C_c	4	13.1	6.9	9.4		9.4	
	内摩擦角(°)	φ_c	4	16.7	9.6	12.4		12.4	

续上表

岩土名称		淤泥质粉质粘土					
统计项目		统计个数	最大值	最小值	平均值	变异系数	推荐值	标准值
压缩系数(1/MPa)	$\alpha_{0.1-0.2}$	12	0.97	0.48	0.723	0.227	0.723	0.81
压缩模量(MPa)	$E_{s0.1-0.2}$	12	4.11	2.12	3.1	0.234	3.1	2.72
标贯击数(击/30cm)	N	20	3	0	1.5	0.592	1.5	1.1

粉土②物理力学性质指标　　　　　　　　　　　　表8-6

岩土名称		粉土						
统计项目		统计个数	最大值	最小值	平均值	变异系数	推荐值	标准值
天然含水率(%)	w	180	30.9	20.9	25.7	0.097	25.7	26.1
重度(kN/m³)	γ	233	21.7	16.8	19.8	0.039	19.8	19.7
饱和度(%)	S_r	217	100	63.7	97.5	0.043	97.5	97.9
土粒比重	G_s	236	2.75	2.68	2.7	0.004	2.7	2.7
天然孔隙比	e	149	0.833	0.568	0.703	0.082	0.703	0.711
液限(%)	w_L	227	35.8	17.6	26.3	0.121	26.3	25.9
塑限(%)	w_p	233	28.5	13.2	17.8	0.114	17.8	17.5
液性指数	I_L	155	1.56	0.21	0.92	0.299	0.92	0.96
塑性指数	I_P	205	11.3	6	8.5	0.142	8.5	8.4
直剪 粘聚力(kPa)	C_q	111	10.9	3.1	6.6	0.258	6.6	6.3
直剪 内摩擦角(°)	φ_q	106	25.1	5	17.4	0.247	17.4	16.6
直剪 粘聚力(kPa)	C_c	28	16.7	5.7	10.8	0.205	10.8	10
直剪 内摩擦角(°)	φ_c	39	27.7	10.4	19.8	0.205	19.8	18.7
压缩系数(1/MPa)	$\alpha_{0.1-0.2}$	158	0.61	0.16	0.333	0.259	0.333	0.344
压缩模量(MPa)	$E_{s0.1-0.2}$	163	10.39	2.82	5.41	0.26	5.41	5.22
标贯击数(击/30cm)	N	484	12	1	6.6	0.263	6.6	6.5

粉质粘土②₂物理力学性质指标　　　　　　　　　表8-7

岩土名称		粉质粘土						
统计项目		统计个数	最大值	最小值	平均值	变异系数	推荐值	标准值
天然含水率(%)	w	65	46.9	24.2	31.7	0.129	31.7	32.6
重度(kN/m³)	γ	68	20.9	17.3	19.3	0.038	19.3	19.2

续上表

岩土名称 统计项目			粉质粘土						
			统计个数	最大值	最小值	平均值	变异系数	推荐值	标准值
饱和度(%)		S_r	66	100	87.9	98.2	0.033	98.2	98.9
土粒比重		G_s	83	2.75	2.69	2.71	0.004	2.71	2.71
天然孔隙比		e	57	0.997	0.598	0.811	0.116	0.811	0.832
液限(%)		w_L	83	46.5	22.3	31.6	0.125	31.6	30.9
塑限(%)		w_p	83	27.9	15.6	20.3	0.099	20.3	19.9
液性指数		I_L	49	1.03	0.28	0.77	0.226	0.77	0.81
塑性指数		I_P	69	18.6	10.1	11.7	0.151	11.7	11.4
直剪	粘聚力(kPa)	C_q	27	18.9	5.8	10.9	0.292	10.9	9.9
	内摩擦角(°)	φ_q	27	15.8	7.2	11.1	0.21	11.1	10.3
	粘聚力(kPa)	C_c	16	21.9	8.9	15.4	0.215	15.4	13.9
	内摩擦角(°)	φ_c	16	22.5	8.6	15.7	0.278	15.7	13.8
压缩系数(1/MPa)		$\alpha_{0.1-0.2}$	61	0.98	0.31	0.511	0.299	0.511	0.545
压缩模量(MPa)		$E_{s0.1-0.2}$	62	6.63	2.17	3.89	0.227	3.89	3.7
标贯击数(击/30cm)		N	128	12	2	6.1	0.289	6.1	5.8

粉砂③物理力学性质指标　　　　　　表8-8

岩土名称 统计项目		粉 砂						
		统计个数	最大值	最小值	平均值	变异系数	推荐值	标准值
天然含水率(%)	w							
重度(kN/m³)	γ							
饱和度(%)	S_r							
土粒比重	G_s							
天然孔隙比	e							
液限(%)	w_L							
塑限(%)	w_p							
液性指数	I_L							
塑性指数	I_P							

续上表

岩土名称 统计项目			粉 砂						
			统计个数	最大值	最小值	平均值	变异系数	推荐值	标准值
直剪	粘聚力(kPa)	C_q							
	内摩擦角(°)	φ_q							
	粘聚力(kPa)	C_c							
	内摩擦角(°)	φ_c							
压缩系数(1/MPa)		$\alpha_{0.1-0.2}$							
压缩模量(MPa)		$E_{s0.1-0.2}$							
标贯击数(击/30cm)		N	375	50	15	28.3	0.315	28.3	27.5

粉土③₁物理力学性质指标　　　　表8-9

岩土名称 统计项目			粉 土						
			统计个数	最大值	最小值	平均值	变异系数	推荐值	标准值
天然含水率(%)		w	28	28.4	18.9	22.9	0.132	22.9	23.9
重度(kN/m³)		γ	45	21.4	18.2	20.2	0.042	20.2	20
饱和度(%)		S_r	41	100	80.8	96.6	0.048	96.6	97.8
土粒比重		G_s	48	2.73	2.68	2.7	0.004	2.7	2.7
天然孔隙比		e	25	0.834	0.543	0.649	0.144	0.649	0.682
液限(%)		w_L	44	33.7	19.7	26.3	0.132	26.3	25.4
塑限(%)		w_p	48	23.8	14.2	18.1	0.124	18.1	17.5
液性指数		I_L	18	0.81	0.42	0.6	0.226	0.6	0.66
塑性指数		I_p	42	10.8	5.5	8.6	0.188	8.6	8.1
直剪	粘聚力(kPa)	C_q	19	10.7	5.1	8.4	0.216	8.4	7.7
	内摩擦角(°)	φ_q	21	19.5	8.9	16.1	0.139	16.1	15.3
	粘聚力(kPa)	C_c	7	14.1	8.7	11.8	0.176	11.8	10.3
	内摩擦角(°)	φ_c	7	23.1	11.9	19.6	0.196	19.6	16.7
压缩系数(1/MPa)		$\alpha_{0.1-0.2}$	22	0.49	0.23	0.365	0.221	0.365	0.395
压缩模量(MPa)		$E_{s0.1-0.2}$	22	6.93	3.18	4.85	0.218	4.85	4.46
标贯击数(击/30cm)		N	84	27	6	11.1	0.337	11.1	10.4

8.4 航道工程疏浚岩土特性

根据场地岩土层原位测试指标及现场鉴别特征,参照《疏浚岩土分类标准》(JTJ/T 320—1996)中的疏浚岩土工程特性,对勘察场地疏浚土进行分级,见表8-10。

疏浚岩土工程分级一览表　　　　表8-10

地　层	级　别
淤泥①	2级
淤泥质粉质粘土①	2级
粉土②	4级
粉质粘土②$_1$	4级
粉砂③	9级
粉土③$_1$	5级

近岸10m等深线以浅航段疏浚土层主要为淤泥质粉质粘土和粉质粘土,疏浚开挖较为容易,但局部位置存在厚2~4m的中密~密实状的粉土和粉细砂,开挖较为困难;远海10m等深线以深航段疏浚土主要为淤泥和淤泥质粉质粘土,疏浚开挖容易,航道易于形成。

8.5 地　震

辽河三角洲平原处于我国东部活动性最强的郯城—营口地震带内。超岩石圈断裂、岩石圈断裂——郯庐断裂系近期仍有活动,表现为地震较为频繁及有地热分布等。营口1885年、1895年各发生一次5级地震。其周边海域1964年发生4级地震,1975年2月4日发生7.3级大地震;沈阳1775年发生5.5级地震。

盘锦荣兴港位于华北地震区郯庐地震带北段,小辽河断裂、海城断裂、金州断裂等是影响场址的主要地震构造,场地抗震设防烈度为7度。场址内无第四纪以来活动的隐伏断裂,场址内15m以浅的部分粉土和粉细砂层在烈度为7度和8度时发生不同程度的液化,场址内不存在其他地质灾害条件。场地土类型以软弱土为主,建筑场地类别为Ⅲ类。该场地属对建筑抗震不利地段。必要时进行地基基础加固措施,该场地为有条件适宜工程建设。

根据《建筑抗震设计规范(2008年版)》(GB 50011—2001)、《中国地震动参数区划图》(GB 18306—2001),该区抗震设防烈度为7度,设计地震动分组为第一组,设计地震动基本加速度值为 0.15g。估算等效剪切波速为 142m/s,特征周期为 0.45s,确定该场地土类型为软弱场地土。

8.6 小　　结

（1）近岸地层结构比较复杂,浅部存在厚层软土层,岩土类型较多,土的工程特性差异性显著,地基持力层底面坡度变化较大,场地土类型以软弱土为主,天然地基属不均匀性地基;该场地抗震设防烈度为7度,建筑场地类别为Ⅲ类,属对建筑抗震不利地段,防波堤若采用浅基础,应考虑下卧土层中饱和砂土液化问题。

（2）近岸 10m 等深线以浅航段疏浚土层主要为淤泥质粉质粘土和粉质粘土,疏浚开挖较为容易,但局部位置存在厚 2~4m 的中密~密实状的粉土和粉细砂,开挖较为困难;远海 10m 等深线以深航段疏浚土主要为淤泥和淤泥质粉质粘土,疏浚开挖容易,航道易于形成。

附 图

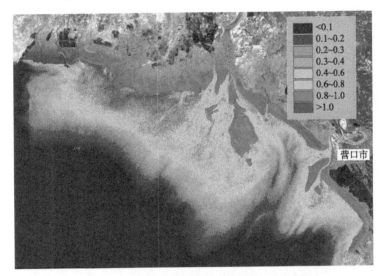

附图1　1991年4月25日

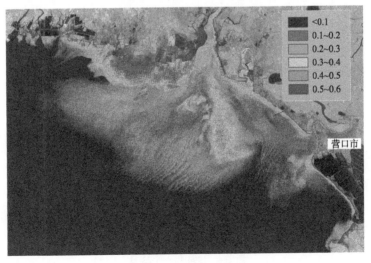

附图2　1993年9月21日

盘锦港动力地貌特征与建港自然条件研究

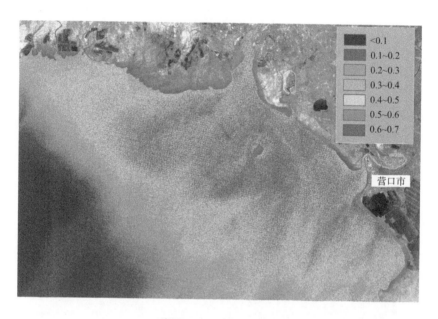

附图3　1994年4月1日

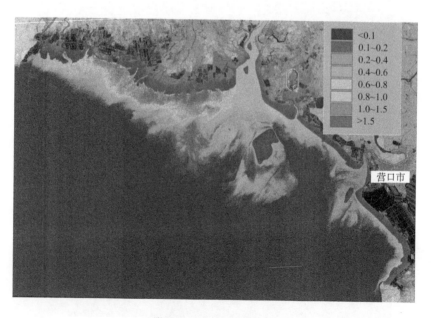

附图4　1994年8月23日

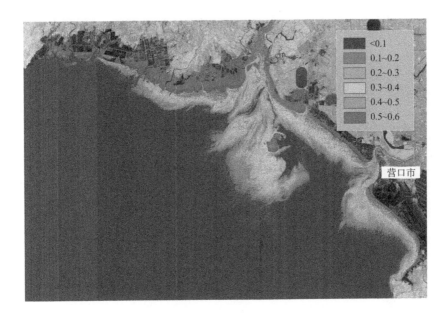

附图5　2000年9月8日

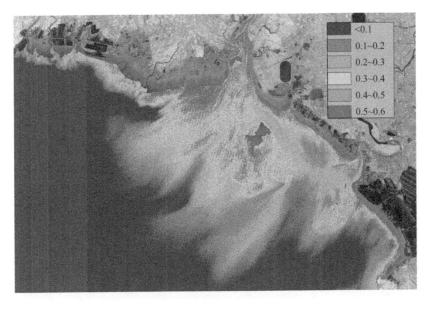

附图6　2000年10月2日

盘锦港动力地貌特征与建港自然条件研究

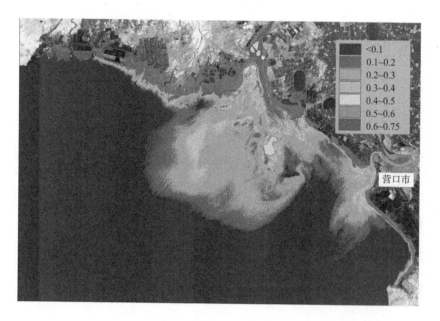

附图 7　2001 年 5 月 30 日

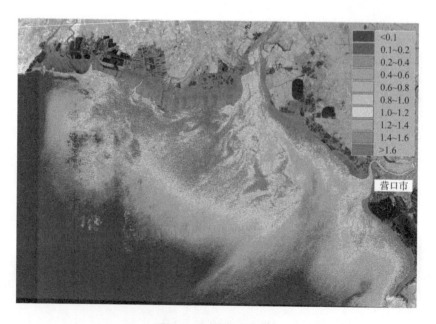

附图 8　2001 年 9 月 27 日

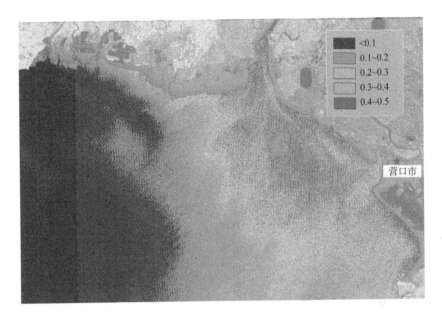

附图 9　2002 年 10 月 9 日

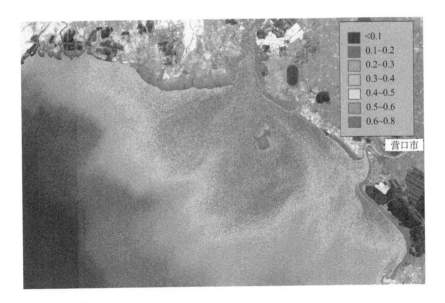

附图 10　2004 年 3 月 27 日

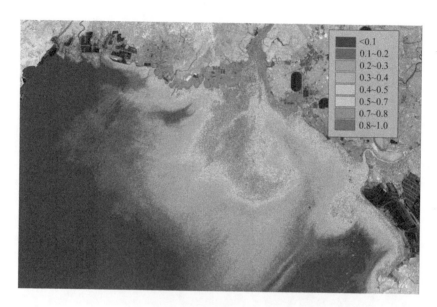

附图11　2004年10月21日

附图12　2005年7月20日

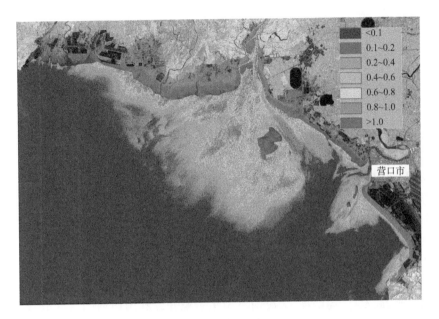

附图 13　2005 年 10 月 8 日

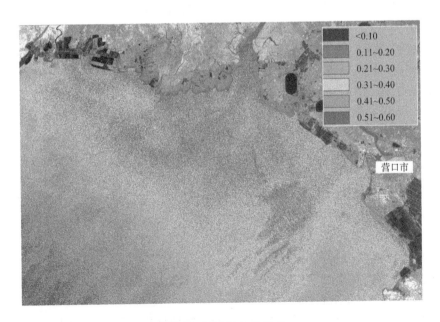

附图 14　2006 年 11 月 12 日

参 考 文 献

[1] 张明,郝品正,冯小香,等.辽河口三角洲前缘岸滩演变分析[J].海洋湖沼通报,2010(3):144-150.

[2] 张明,蒋雪中,郝媛媛,等.遥感水边线技术在潮间带冲淤分析中的应用[J].海洋通报,2010,29(2):176-181.

[3] 张明,冯小香,郝媛媛.辽东湾北部海域悬浮泥沙时空变化遥感定量研究[J].泥沙研究,2011(4):17-23.

[4] 中国海湾志编纂委员会.中国海湾志(第十四分册)[M].北京:海洋出版社,1998.

[5] 张国平,武永存,冯明珲.大凌河下游水资源开发利用规划[J].水利规划与设计,1998(2):65-68.

[6] 张锦玉,李志新,田雨.小凌河流域水文特性分析[J].东北水利水电,1995(3):28-33.

[7] 贺松林.海岸工程与环境概论[M].北京:海洋出版社,2003.

[8] 季则舟,孙林云,肖立敏.唐山港京唐港区泥沙运动特征与海岸性质界定[J].海洋工程,2018,36(1):74-82.

[9] 中华人民共和国国家标准.海洋调查规范 第8部分:海洋地质地球物理调查:GB/T 12763.8—2007[S].北京:中国标准出版社,2007.

[10] 刘涛.盘锦船舶工业基地围海造地研究——工程海域泥沙特性水槽试验研究[R].天津:交通运输部天津水运工程科学研究院,2008.

[11] 恽才兴,蔡孟裔,王宝全.利用卫星象片分析长江入海悬浮泥沙扩散问题[J].海洋与湖沼,1981,12(5):391-401.

[12] 陈鸣,李士鸿,刘小靖.长江口悬浮泥沙遥感信息处理和分析[J].水利学报,1991(5):47-51.

[13] 何青,恽才兴,时伟荣.长江口表层水体悬沙浓度场遥感分析[J].自然科学进展,1999,9(2):160-164.

[14] 邓明,黄伟,李炎.珠江河口悬浮泥沙遥感数据集[J].海洋与湖沼,2002,33(4):341-348.

[15] 陈晓玲,袁中智,李毓湘,等.基于遥感反演结果的悬浮泥沙时空动态规律研究[J].武汉大学学报,2005,30(8):677-681.

[16] 樊辉,黄海军,唐军武.黄河口水体光谱特性及悬沙浓度遥感估测[J].武汉大学学报,2007,32(7):601-604.

[17] 任敬萍,赵进平.二类水体水色遥感的主要进展与发展前景[J].地球科学进展,2002,17(3):363-371.

[18] 刘志国.长江口水体表层泥沙浓度的遥感反演与分析[D].上海:华东师范大学,2007.

[19] 刘志国,周云轩,蒋雪中,等.近岸Ⅱ类水体表层悬浮泥沙浓度遥感模式研究进展[J].地球物理学进展,2006,21(1):321-326.

[20] 杨华,许家帅,侯志强.洋山港海区悬浮泥沙运动遥感分析[J].水道港口,2003,24(3):126-128.

[21] 李金合,周振忠,张庆河.滨州港海域泥沙运动遥感图像分析[J].中国港湾建设,2007(2):5-8.

[22] 徐晓君,杨世伦,李鹏.河口河槽和口外海滨对流域来沙减少响应的差异性研究[J].海洋通报,2008,27(5):100-104.

[23] Trenhaile A S. Coastal Dynamics and Landforms[M]. Oxford: Oxford University Press, 1997.

[24] FRIH Y O E. Some proposals for coastal management of the Nile delta coast[J]. Ocean & Coastal Management, 1996, 30(1): 43, 59.

[25] 周永青.黄河三角洲北部海岸水下岸坡蚀退过程及主要特征[J].海洋地质与第四纪地质,1998,18(3):79-84.

[26] 钱春林.引滦入津工程对滦河三角洲的影响[J].地理学报,1993,48(5):468-476.

[27] 潘桂娥.辽河口演变分析[J].泥沙研究,2005(1):57-62.

[28] 张明,蒋雪中,张俊儒,等.遥感影像海岸线特征提取研究进展[J].人民黄河,2008(6):7-9.

[29] 鲍永恩,黄水光.辽河口海口沉积特征及潮滩动态预测[J].沉积学报,1993,11(2):105-112.

[30] 中交水运规划设计院有限公司.盘锦港荣兴港区30万吨级原油码头工程预可行性研究报告[R].北京:中交水运规划设计院有限公司,2011年5月.

[31] 洪承礼.港口规划与布置[M].2版.北京:人民交通出版社,2005.

[32] 李志军,王永学.渤海海冰工程设计特征参数[J].海洋工程,2000,18(1):

61-64.

[33] 纪永刚.基于微波图像的辽东湾海冰典型要素信息提取[D].北京:中国科学院,2006.

[34] 李志军,孔祥鹏,张勇,等.近岸堆积冰形成过程的原型调查[J].大连海事大学学报,2009,35(3):9-12.

[35] 孔祥鹏,张波,张勇.浅水区斜坡人工岛海冰危害及减灾措施[J].大连海事大学学报,2007,33(4):101-104.

[36] 张勇.辽东湾堆积冰现场调查和试验室物理模拟研究[D].大连:大连理工大学,2008.

[37] 中交水运规划设计院有限公司.盘锦港荣兴港区5万吨级航道工程工可报告[R].北京:中交水运规划设计院有限公司,2011年.

[38] 辽宁工程勘察设计院.盘锦船舶工业基地防波堤二期工程场地岩土工程勘察报告[R].锦州:辽宁工程勘察设计院,2009年4月.

[39] 天津水运工程勘察设计院.盘锦港25万吨级航道工程工程可行性研究报告[R].天津:天津水运工程勘察设计院,2011年4月.